Collection de la Revue "LA SANTÉ PUBLIQUE"

organe des Bureaux d'Hygiène de France

DES DROITS ET DES DEVOIRS

DES

MAIRES

en matière

D'ADMINISTRATION SANITAIRE

(Article 19 de la Loi du 15 Février 1902)

PAR

Le Docteur Pierre SEYTRE

Ancien interne de l'hôpital Saint-Joseph de Lyon
Membre de la Commission permanente des Réformes sanitaires
Directeur du Bureau d'Hygiène de Cannes

> « L'Hygiène est l'art de
> conserver la santé ».
> Rochard.

AUXERRE

IMPRIMERIE ALBERT LANIER, 43, RUE DE PARIS

—

1909

DES DROITS ET DES DEVOIRS

DES MAIRES

en matière d'Administration sanitaire

DU MÊME AUTEUR

Causeries d'Hygiène : Histoire d'un examen d'Hygiène à la Faculté de Lyon ;

La Législation Sanitaire en France ;

Simples Commentaires de la Loi sur la Protection de la Santé Publique ;

Les Bureaux d'Hygiène d'après la loi du 15 Février 1902.

L'alimentation des Villes en eau potable; le périmètre de protection ;

Les Directeurs des Bureaux d'Hygiène d'après la loi;

La Constatation de la mort réelle ; responsabilités des Maires ;

Divers procédés d'Epuration des Eaux d'Egout ;

Les ordures ménagères et leur traitement ;

Les Fours à incinération des ordures ménagères devant la loi.

La Législation française sur les cours d'eau non flottables ni navigables ;

La Désinfection légale (reproduit par le Concours Médical) ;

Déclaration des maladies transmissibles (reproduit par le Concours Médical) ;

Les Règlements Sanitaires d'après la loi.

SOUS PRESSE :

L'HYGIÈNE ET LA LOI

*Commentaires législatifs
de la législation sanitaire française*

(LOI DU 15 FÉVRIER 1902)

TOME I. — L'Hygiène et la Commune.

II. — L'Hygiène et le Département.

III. — L'Hygiène et l'Etat.

DES DROITS ET DES DEVOIRS

DES

MAIRES

en matière

D'ADMINISTRATION SANITAIRE

(Loi du 15 Février 1902)

PAR

Le Docteur Pierre SEYTRE

Ancien interne de l'hôpital Saint-Joseph de Lyon
Membre de la Commission permanente des Réformes sanitaires
Directeur du Bureau d'Hygiène de Cannes

« L'Hygiène est l'art de
conserver la santé ».
ROCHARD.

AUXERRE

IMPRIMERIE ALBERT LANIER, 43, RUE DE PARIS

—

1909

À M. André CAPRON,

Chevalier de la Légion d'Honneur,
Maire de Cannes

Hommage de
respectueuse gratitude

Dʳ PIERRE SEYTRE,
Directeur du Bureau d'Hygiène
de Cannes.

INTRODUCTION

« *Quand on écrit un livre*, dit Pascal, *la chose que l'on sait la dernière est celle que l'on doit dire la première.* »

Tel n'est pas le cas quand je commence ce modeste travail, résultat de cinq années de patientes études, fruit d'une pratique journalière ; et si je rencontre, dès les premières lignes une difficulté, ce n'est pas que je doute par quoi je dois commencer, « *la chose que je dois dire la première* », mais bien comment et dans quels termes je la dois dire...

En thèse générale, et quelle que soit l'acception sous laquelle on veuille les prendre, il est bien difficile de donner de ces deux mots « *droits et devoirs* » une définition exacte et complète, s'adressant, suivant le précepte d'Aristote, « à tout le défini et au seul défini » « *toto definito et soli definito* ». Les droits impartis à l'autorité à tous ses degrés sont évidemment des droits positifs, c'est-à-dire, établis par le pouvoir social, dérivant soit de l'usage, soit de la loi, et le plus souvent, de l'usage d'abord, de la loi ensuite : car les droits sont postérieurs à la Société, et l'Etat est postérieur aux droits. Mais de cette conception philosophique des droits, ne résulte pas un exposé, une explication du terme en lui-même.

De même, au sens administratif, les devoirs apparaissent comme des applications nécessaires et justes, mais particulières et spéciales de la loi morale : ils doivent naturellement se ranger dans la catégorie des devoirs imparfaits, par cela même qu'ils ont des droits corrélatifs. Quiconque détient une parcelle du pouvoir, a fatalement des devoirs à accomplir, en retour des droits qu'il peut exercer.

Cependant, ces deux termes que j'ai pris pour titre de mon étude, empruntent à la matière même qui en fait l'objet, une signification spéciale : le droit qu'exerce un directeur d'Administration, de choisir son personnel, est déjà sensiblement différent — au point de vue philosophique — du droit qui appartient à un propriétaire exigeant de son locataire le paiement de son terme échu : le premier procède, en principe du moins, d'une idée de justice, de valeur personnelle qui inspirera le choix, à laquelle le second demeure complètement étranger, n'étant rien plus qu'un droit naturel s'inspirant du mobile de l'intérêt...

Mais en matière d'Hygiène et de Salubrité, quand le Maire intervient, premier magistrat élu d'une grande cité, comme détenteur d'une auto-

rité à qui incombe le soin de veiller sur la Santé
Publique et de la protéger, entre ces deux termes,
« *droits et devoirs* » et plus encore, entre les
deux idées qu'ils éveillent, il n'existe rien, je ne
dis pas de cette contradiction qui sépare le droit
du propriétaire exigeant son terme, de son devoir
qui l'oblige à assurer à son locataire la libre-pos-
session du fond donné à bail, mais rien de cette
antinomie essentielle que la logique même place
comme une barrière entre le droit et le devoir,
l'un commençant où l'autre s'achève. Loin d'éveil-
ler une idée d'opposition ou d'antithèse, la juxta-
position de ces deux termes apparaît comme une
identité, comme une homonymie, si j'ose dire, de
sens et de portée, et là où commencent les droits,
commencent aussi les devoirs : ils s'ajoutent, se
complètent, se superposent, s'agrandissent et
s'augmentent, ils ne se limitent pas : exercer les
uns, c'est remplir les autres ; user d'un droit, c'est
s'acquitter d'un devoir ; et pour un Maire, oublier
qu'il a à remplir des droits de protection sur la
Santé Publique, ce serait manquer au premier et
au plus sacré de ses devoirs !...

Cette interprétation, ce sens intrinsèque que je
donne aux deux termes, résulte naturellement du
texte même de la législation sanitaire, que j'aurai
l'occasion d'étudier et d'analyser. C'est un article
de loi qui donne au Maire le droit de constituer
un Bureau d'Hygiène : mais c'est le commentaire
de cette loi qui lui en fait un devoir, et un devoir

si impérieux, si étroit, qu'il sera pourvu à la négligence, à l'oubli qu'il pourrait faire de son droit,
par l'intervention d'une autorité supérieure à la
sienne, émanation directe du pouvoir central. C'est
encore un article de cette même loi qui lui reconnaît le droit de connaître les plans de toutes les
constructions projetées sur le territoire de la
commune; mais il a le devoir soit de les approuver,
soit de s'y opposer, son silence devant être interprété, après un délai de vingt jours, dans le sens
d'une approbation.

Droits et devoirs se confondent donc ici pratiquement dans une même conséquence, dans une
même portée d'action. Et ceci nous explique les
soins mis par le législateur de 1902, et par ceux
qui eurent mission d'achever et de parfaire son
œuvre, à délimiter exactement les droits des
Maires. En matière d'administration, il est bien
rare qu'une obligation imposée, qu'un ordre donné
à une collectivité ou à un individu, ne créent pas
pour celui-ci ou pour celle-là, une gêne, un em-
barras auxquels ils s'efforceront d'échapper. La
loi qui fait au Maire le devoir d'imposer à ses administrés le soin de leur propre santé, si étrange
que cela paraisse, ne va pas sans quelques résistances, que l'autorité municipale a le droit de ré-
primer; mais le Maire remplira-t-il toujours ce
devoir, en usant de ce droit, et encore, comment
remplira-t-il le premier en usant du second ?...

Telle est l'origine des mesures restrictives, ou

pour mieux dire, correctives, que nous allons rencontrer à côté des droits et des devoirs nouveaux, impartis au pouvoir municipal par la loi du 15 Février 1902.

De ces devoirs, je l'ai dit, aucun ne peut être oublié, sans qu'une intervention venue de l'autorité Ministérielle ou Préfectorale n'y supplée d'office, et, d'autre part, aucun de ces droits n'appartient au Maire seul : il n'en peut exercer aucun sans l'avis du Conseil Municipal ou de son personnel technique. Il est tenu de prendre, sous forme d'arrêté « *les précautions nécessaires pour prévenir ou faire cesser les maladies transmissibles* (art. 1 de la loi du 15 Février 1902) » mais cela « *après avis du Conseil Municipal* » il créera un « *Bureau d'Hygiène Communal* », mais le Conseil Municipal « *fixera l'importance du personnel, déterminera les allocations attribuées, désignera le local, arrêtera les dépenses, etc.*, (art. 1 du décret du 3 Juillet 1905 » — « *il nommera le directeur de ce service* », mais, si ce service a été créé antérieurement au décret de 1905, le Conseil Municipal sera sans doute intervenu dans cette nomination, qui aura été décidée dans la même séance où fut créé ce service, « *après avis du Conseil Municipal* » ; si, au contraire, le Bureau d'Hygiène est postérieur au décret, le choix du directeur sera bien attribué au Maire, mais limité aux seuls candidats « *reconnus aptes à raison de leurs titres, par le Conseil Supé-*

rieur d'*Hygiène de France* » (art. 2 du décret du 3 Juillet 1905) ; — par un arrêté, « *il mettra à exécution les mesures de désinfection reconnues utiles* » (art. 7 de la loi), mais c'est le Conseil Municipal qui « *après avis du Directeur du Bureau d'Hygiène* » décidera la création d'un ou plusieurs postes de désinfection, les composera les rétribuera, etc. (art. 1 du décret du 10 juillet 1906).

Nous verrons au cours de ces pages ce qu'il faut entendre de ces restrictions limitatives des droits de l'autorité municipale, ce qu'elles comportent, ce qu'elles commandent, ce qu'elles interdisent, et leur discussion fera le fond même de cet ouvrage.

Depuis plusieurs années déjà, l'étude journalière des événements qui marquent la vie d'une ville, au point de vue de son assainissement, de sa salubrité et de son hygiène, et leur comparaison avec les événements qui eurent pour théâtre d'autres agglomérations, pour acteurs d'autres individus, pour mobiles d'autres coutumes, m'ont amené à cette conviction profonde, qu'il n'y a pas de règle générale et absolue en la matière ; et de même qu'en médecine générale il n'y a pas de maladie, mais des malades, de même en hygiène publique il n'y a pas de bloc, pas d'ensemble, pas de tout, soumis à une seule et même interprétation. Telle ligne de conduite qui peut être suivie sous telle latitude, dans tel milieu, sous tel climat et dans telles circonstances de profession, de métier, de travail, serait désastreuse, appliquée indifféremment et toujours la même dans n'importe quel centre, uniquement agricole ici, là bourgeois, aristocratique ailleurs. L'hygiène à Lille, à Roubaix, aux mines d'Anzin ou aux usines de Saint-Etienne doit se différencier sensiblement de l'hygiène du paysan, qui vit au grand air de la forêt ou des champs, ou encore de celle de l'hivernant de Nice et de Cannes ; non pas certes qu'il soit deux manières de considérer comme dangereux le voisinage de tel établissement, le méphitisme de telle atmosphère ou la contagiosité de telle maladie : mais parce que les conditions sont tout autres d'exercice de cette même profession, de toxicité de cette atmosphère, de chances de transmission de cette maladie, dans un centre surpeuplé, dans un milieu ouvrier, sous un climat froid et humide, ou dans ces stations d'hiver coquettes et luxueuses, où la vie se passe dans le confort et l'aisance de blanches villas, surgissant au soleil, d'un buisson de fleurs et de verdure !

Voilà pourquoi la loi de 1902 si impatiemment attendue, venant au monde après une période de gestation longue et laborieuse, n'a pas donné jusqu'à ce jour tout ce qu'on était en droit d'attendre d'une bonne législation sanitaire. Trop centralisatrice, trop uniforme, restant elle-même (c'est le propre, j'en conviens, de toute loi), d'un bout à l'autre du territoire français, elle devait rencontrer partout des résistances et des difficultés d'application qui souvent l'ont rendue stérile et inféconde. Ce danger, il est vrai, le législateur de 1902 l'avait pressenti quand, faisant à toute commune l'obligation d'avoir un Règlement Sanitaire Communal, il laissait à toutes, le soin de se donner le code sanitaire le mieux approprié aux circonstances et aux conditions spéciales du milieu où il devait avoir force de loi; mais trop étroites furent encore les limites dans lesquelles put évoluer l'autonomie communale.

Un autre danger, celui-là plus grave encore que le précédent pour l'application et la mise en valeur de la loi de 1902, fut le choix de l'autorité municipale comme pouvoir exécutif. Je l'ai dit déjà, partout où il y a des règles d'hygiène à faire observer, il y a une certaine contrainte, une certaine gêne à imposer; l'exécution d'un règlement sanitaire, la stricte application de la loi sur la santé publique, devaient fatalement faire naître quelques résistances aux obligations qu'elles imposent (dans l'intérêt de leur propre existence, il est vrai, mais cet intérêt peut être si mal compris!) aux habitants d'une commune. Or ceux-ci sont des concitoyens, et il est toujours pénible à un pouvoir élu, de parler à ses concitoyens de devoirs nouveaux, c'est-à-dire de dépenses additionnelles, d'impôts supplémentaires sous une forme quelconque, dont ils ne voudront pas admettre l'utilité. Et voilà pourquoi tant de préceptes, tant de règles sanitaires restent et resteront lettre morte. Notre législation sanitaire française est pareille à ce serpent des Indes dont la piqûre est mortelle, mais qui habite un arbrisseau dont la feuille guérit instantanément cette piqûre, l'une détruisant ce qu'a fait l'autre. De même après l'article de la loi qui dit au Maire et à son Conseil Municipal : « *en matière d'hygiène vous pouvez tout, vous devez tout faire* », surgit la vision des colères et des mécontentements que va faire naître l'exercice de droits aussi étendus, et qui se donneront libre cours à une prochaine consultation électorale.

Et de plus il est encore un autre tribunal devant lequel l'autorité municipale ne trouvera pas toujours grâce, si elle veut interpréter et appliquer le plus utilement la loi sanitaire. Au cours des événements nés spontanément de la résistance à cette loi, j'ai connu diverses interprétations aussi bizarres que dangereuses, que la jurisprudence se plaît à donner, un peu abusivement à mon sens, à toutes les prescriptions de la législation nouvelle. D'une façon générale par exemple, et pour fixer une idée, il est établi que les tribunaux reconnaissent au Maire le droit d'ordonner toutes les mesures d'assainissement qu'il croit utiles ; mais ils lui refusent impitoyablement le droit d'indiquer les moyens de les réaliser. Avant la loi de 1902 un Maire pouvait imposer dans certains cas, la désinfection d'un appartement ou d'un immeuble, mais sans désigner le procédé à employer ni la méthode à suivre, et toute opération consistant à dégager un peu d'acide sulfureux, fut-ce en brûlant quelques paquets d'allumettes chimiques, était réputée donner satisfaction à la loi et aux arrêtés municipaux ! Il subsiste encore de nombreux exemples de pareilles parodies de la loi, j'ai eu occasion de les connaître et d'en mesurer les déplorables effets. Et c'est ainsi que, en méconnaissance de l'esprit de la loi, il a été créé vraiment dans le fond, une dualité de sens et de valeur entre les droits et les devoirs des Maires, les uns paraissant absolus aux termes même de la loi, les autres se connaissant des bornes très étroites. Il y a là, question d'interprétation, et dans le domaine de celle-ci, j'ai cherché à fixer le rôle réservé au Maire, la part faite à son autorité, le champ ouvert à son action, la mesure de ses pouvoirs.

Mais je ne saurais commencer ce travail qui m'amènera fatalement à une étude de la loi du 15 Février 1902, et à un examen, dans le détail, des divers articles dont l'interprétation doit trouver place dans le cadre de cet ouvrage, sans en faire ressortir le caractère particulier et la portée spéciale.

Peu de textes législatifs ont donné lieu à autant d'interprétations (en dehors de celles demandées aux tribunaux et dont je viens de parler), et je le répète, à autant de résistances.

Impatiemment attendue par le public, à qui les

questions d'hygiène deviennent de jour en jour
plus familières, et qui en espérait les plus heureux
résultats pratiques, la loi sanitaire, à peine promulguée, fut violemment attaquée, et d'amères
critiques ne tardèrent pas à s'élever de divers
côtés. Pour ne me placer qu'au seul point de vue
qui m'intéresse, je ne retiendrai que les protestations qui se produisirent sous les formes les plus
variées, de la part de municipalités à qui elle
apparaissait comme une gêne et une charge
pécuniaire de plus, qu'elles devaient imposer à
leurs mandants, en même temps qu'elles y voyaient
une atteinte grave au principe de l'autonomie
communale.

C'est que, pour comprendre et interpréter sai-
nement et dans son vrai sens, la loi de 1902, il
faut plus qu'une simple lecture du texte, plus qu'un
rapide coup d'œil sur les titres des divers chapitres ou des divers alinéas. Le caractère essentiel
et propre de cette loi la cantonne, la catégorise dans
une région tout à fait à part; car, à la bien connaître, on ne peut manquer de lui accorder une
physionomie, une allure, une valeur toute spéciale,
comme l'idée de laquelle elle procède, lui est tout
à fait particulière.

D'une façon générale, toute loi a pour objet la
défense ou la réglementation d'un intérêt contre
un intérêt opposé, et, ordinairement, de l'intérêt
général contre l'intérêt particulier. Suivant donc
que celui qui la considère appartient au *général*

ou qu'il constitue lui-même le *particulier*, elle est regardée par lui comme bonne ou mauvaise, utile ou gênante, agréable ou fâcheuse ; mais il est bien rare qu'une loi doive prévoir des mesures de rigueur contre celui-là même qu'elle sert : que le Code Pénal, avec son respect étroit de la propriété et la gênante institution des maisons d'arrêt, paraisse une sotte invention aux yeux des vagabonds et des professionnels de l'escroquerie et du vol, soit..... Mais il a semblé inutile au législateur, de faire violence au propriétaire, pour l'amener à accepter la conservation de son bien, et à l'occasion, la protection du gendarme. Il en est généralement de même, toutes les fois que la loi s'est donné mission de défendre une situation ou un individu contre les attentats d'autrui ; et il est conforme de tous points à la nature humaine, de penser que le même texte paraît excellent à celui pour qui il a été fait, mauvais et inutile à celui contre qui il a été promulgué.

C'est pourquoi, par définition même, la loi sur la Protection de la Santé Publique, je redis intentionnellement son titre, devait paraître bonne et profitable à tout le monde, car elle a été faite au bénéfice de tous !... Par une singulière anomalie, ce texte qui aurait dû recueillir l'unanime approbation, eut contre lui l'opposition de beaucoup.

Je ne sortirai pas du domaine que je me suis moi-même fixé, et je ne parlerai ici que de l'interprétation donnée par le plus grand nombre des

municipalités françaises aux mesures de précaution et d'attentive bienveillance que le législateur
s'est étudié à promulguer. Par un fâcheux malen-
tendu, elles sont devenues aux regards des intéressés, des moyens de contrôle, de surveillance et
de tyrannique coercition. C'est qu'il faut, comme
je disais tantôt, bien se pénétrer, s'imprégner du
texte de 1902 pour le bien entendre; il faut, si
l'on veut bien me pardonner cette vulgaire expression, se mettre dans la peau du législateur, pour
arriver à comprendre ce qu'il a voulu obtenir, le bien qu'il a voulu produire, le mal
qu'il a voulu empêcher. Alors seulement, le sens
de la loi apparaîtra vraiment, et il apparaîtra
tout différent de celui que le fit apercevoir une
première lecture ; à l'autorité municipale qui n'a
voulu y voir qu'une limitation de ses droits, un
empiètement sur le terrain réservé à ses privilèges, je m'efforcerai de démontrer, au cours de ces
pages, que loin de limiter et de réduire, en fait,
son indépendance et ses prérogatives, alors que
tous les droits qui lui étaient conférés par les lois
antérieures étaient frappés de restrictions qui le
plus souvent les rendaient illusoires, la loi de
1902 « *consacre une extension considérable de
ses pouvoirs.* » C'est par ces mots que l'honorable
Dr Borne terminait son rapport à la tribune du
Sénat; il n'en est pas qui puissent donner du
sens et de la portée véritable de la loi sanitaire,
une plus juste et plus saine appréciation. Tout ce

travail est un essai de démonstration et de preuve de cette affirmation.

Je le diviserai en trois parties : la première sera consacrée aux droits et aux devoirs des Maires en manière d'*organisation sanitaire*; la deuxième comprendra l'ensemble des mesures que les Maires peuvent prendre pour la *défense et la protection de la santé publique* ; la troisième aura trait à la question des *logements insalubres et de l'assainissement général*. Je donnerai comme conclusion à ce travail quelques indications sur la législation sanitaire française mise en parallèle avec la législation étrangère en faisant valoir en quoi ces législations sanitaires peuvent et doivent se faire des emprunts réciproques. Car s'il est vrai que nous devions quelquefois envier à l'étranger l'étendue des droits accordés aux pouvoirs publics, et la force que les lois reconnaissent à leur autorité, nous pouvons, d'autre part, leur opposer tels résultats qui ne le cèdent en rien à ceux obtenus au delà de nos frontières, et que la loi française a su concilier avec une plus large part faite au respect de la liberté individuelle.

Cette conclusion s'adressera surtout à certains qui professent une admiration de parti-pris pour tout ce qui se fait ailleurs que dans leur pays, et un profond dédain pour notre organisation sanitaire française dont ils ne parlent qu'avec ce sourire énigmatique et entendu que raille si finement Rabelais « *dodelinant de la tête,* » dit-il, et cachant sous ce dédain et cette admiration de convention « *la crasse et complète ignorance* » qui ne se confesse jamais !...

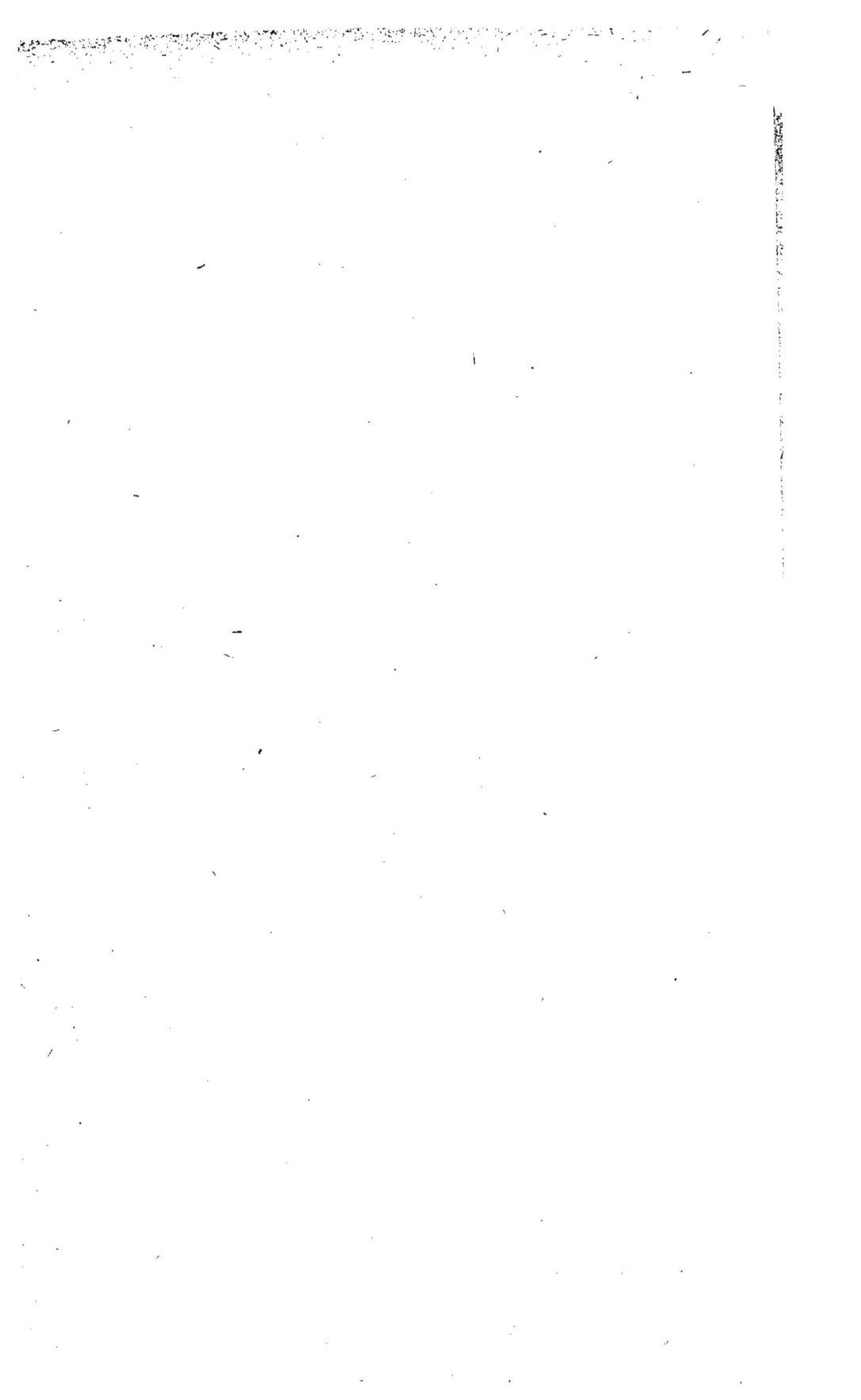

DES DROITS ET DES DEVOIRS DES MAIRES

en matière

d'Administration Sanitaire

PREMIÈRE PARTIE

Des droits et des devoirs
des Maires
en matière d'Organisation Sanitaire

Telle qu'elle est confiée à l'autorité municipale par la loi du 15 Février 1902, l'organisation sanitaire en France se rapporte dans les grandes lignes à quatre chefs principaux :

1° La rédaction d'un Règlement Sanitaire Communal ;

2° La création ou l'organisation d'un Bureau d'Hygiène ;

3° La nomination du Directeur du Bureau d'Hygiène ;

4° La création d'une Station de Désinfection et d'un Service de Désinfection.

D'où quatre chapitres dans cette première partie.

Chapitre Premier

Le Règlement Sanitaire

Aux termes de la loi du 15 Février 1902 qui résume à notre époque toute la législation sanitaire française, le premier devoir d'un Maire, en matière d'organisation sanitaire, est de « *déterminer, après avis du Conseil Municipal, et sous forme d'arrêtés municipaux portant règlement sanitaire : 1° Les précautions à prendre en exécution de l'art. 97 de la loi du 5 Avril 1884, pour prévenir ou faire cesser les maladies transmissibles, visées à l'art. 4 de la présente loi, spécialement les mesures de désinfection ou même de destruction des objets à l'usage des malades ou qui ont été souillés par eux, et généralement des objets quelconques pouvant servir de véhicules à la contagion. 2° Les prescriptions destinées à assurer la salubrité des maisons, des voies privées, des logements loués en garni, et des autres agglomérations, quelle qu'en soit la nature, notamment les prescriptions relatives à l'alimentation en eau potable ou à l'évacuation des matières usées.* »

En un style plus ordinaire, et qui n'eût pas reçu son empreinte administrative, nous

dirions que le premier devoir d'un Maire, en
matière d'organisation des services d'hygiène,
est de rédiger un Règlement Sanitaire Communal.

Avant d'établir ce que devra être ce Règlement Sanitaire, il ne me paraît pas hors de
propos de donner quelques détails, très suc-
cincts du reste, sur la façon dont les Maires peuvent, à l'égard de leurs administrès, exercer ces
droits et remplir ces devoirs, dont l'étude et la
discussion vont constituer le fond même des
développements que je dois poursuivre ci-après.

C'est par des arrêtés municipaux que les
Maires s'adressent aux habitants de leurs villes
et leur font savoir, les avis, les conseils ou les
obligations qu'ils doivent connaître ou remplir.
De leur forme, de leurs divers modes, je n'aurais pas à m'occuper ici, s'il n'était pas indispensable de connaître d'abord les caractères
généraux de ces arrêtés, pour faire ressortir
certaines particularités que peuvent présenter
ces actes administratifs en matière d'hygiène
publique.

Les arrêtés municipaux sont *généraux* on *indi-*
viduels, *permanents* ou *temporaires* ; ces quali-
ficatifs s'expliquent d'eux-mêmes. Mais tandis
que d'une façon ordinaire et en toute autre
matière, ils sont le plus souvent généraux et

permanents, en matière d'organisation sanitaire,
il en est un certain nombre qui ont un caractère d'individualité, et dont l'effet peut n'être
que temporaire : tel celui qui prescrit une
mesure d'assainissement dans un quartier, ou
à l'occasion de tel événement, tel encore celui
qui ordonne certaines mesures de précautions et
de défense, à raison de telle menace d'épidémie
ou de telle crainte justifiée. En pareil cas, un
arrêté municipal peut avoir son plein effet et
devenir exécutoire, sans être soumis à toutes
les obligations que prévoit la loi du 5 avril 1884,
qui décide qu'un arrêté municipal n'a force
de loi, qu'après qu'il a été porté à la connaissance des intéressés par voie d'affichage. Les
arrêtés temporaires et les arrêtés individuels
peuvent échapper à cette formalité : pour être
exécutoires, il faut et il suffit qu'ils soient noti-
fiés à qui de droit, contre un récépissé donné
en échange. Ce n'est pas alors l'original, mais
une copie qui est ainsi donnée ; à défaut de
copie, le fait d'avoir présenté à l'intéressé,
devant témoins, l'original lui-même, peut encore
tenir lieu de notification, cet original, comme
tous les arrêtés municipaux, retournant aux
archives pour y être enregistré et conservé.

Enfin un caractère commun à tous, et obligatoire, est que tout arrêté doit être écrit en

français, grammatical et correct, daté et signé.

Je n'aurais pas donné ces notions générales, si brèves soient-elles, sur la forme et le mode ordinaires des arrêtés municipaux en toute autre matière, si, comme je l'ai dit, elles n'avaient dù m'amener à parler d'un caractère absolument spécial et particulier, qui semble avoir été réservé aux arrêtés qui visent et ont pour objet les questions d'hygiène et de salubrité publique. Malgré les patientes recherches que j'ai faites, en législation administrative et en droit civil, je n'ai rencontré nulle part, et avec cette persistance qui touche à tous les cas, cette indication que la loi de 1902 inscrit en premières lignes de toutes ses prescriptions nouvelles. A propos des arrêtés auxquels donne lieu son application, quelle que soit l'obligation qu'elle signale, qu'il s'agisse d'une organisation nouvelle à créer de toutes pièces, ou d'un fonctionnement déjà ancien à remanier et à rajeunir, il semble constamment que le législateur ait eu le dessein formel et manifeste de restreindre, de limiter dans une certaine mesure, — et nous verrons à propos de chaque cas ce que comportent ces restrictions et ces limites, — les droits du Maire, sa liberté d'action, tout ce qui constitue l'autorité et l'indépendance municipales. Et chaque

fois qu'il est question, dans les décrets, circulaires et tous documents ministériels qui ont
suivi la promulgation de la loi, d'un droit
imparti au Maire, on voit toujours surgir, à
l'occasion du mode suivant lequel ce droit sera
exercé, l'un ou l'autre de ces membres de
phrase : *après avis du Conseil Municipal*
ou bien ; *le Conseil Municipal entendu*, ou
encore : *après avis du Directeur du Bureau
d'Hygiène.*

Voilà donc un caractère spécial, qui appartient en propre à l'organisation sanitaire ; tout
arrêté du Maire, ou plus exactement toute
décision en matière d'hygiène et de salubrité
publique, dont un arrêté municipal est la
manifestation, suppose l'avis préalable du
Conseil Municipal, ou tout au moins du
Directeur du Bureau d'hygiène. Nous verrons
quel sens il faut attacher à l'obligation imposée au Maire de recueillir ces avis, et le cas
qu'il en devra faire, au fur et à mesure que
j'étudierai chacune des circonstances où ils
devront se produire.

— Le premier arrêté, dont la loi de 1902
fait obligation au Maire, est donc celui portant
Règlement Sanitaire Communal. Ce n'est pas
là mince besogne, et il est peu de devoirs
imposés au premier magistrat élu d'un pays, qui

soit de nature à présenter tant de difficultés.

Un Règlement Sanitaire Communal, en effet, suppose des connaissances étendues, tant en matière de droit civil et pénal, qu'au point de vue de la jurisprudence courante, et par dessus tout, des règles de l'hygiène et de la salubrité publique, sans parler des incursions qu'il rend nécessaires, sur le terrain réservé à l'architecture et à la voirie.

Or, tout Maire n'est pas forcément un avocat, ou un médecin, ou un architecte; il n'est même jamais les trois choses à la fois. C'est pourquoi, tout en exposant quelques-unes des notions fondamentales qui doivent faire l'objet même de ce Règlement, tout en insistant sur la nécessité pour chaque agglomération d'avoir son règlement spécial, la Circulaire Ministérielle du 30 mars 1903 publiait, en annexe, deux modèles de règlement; l'un pour les villes, l'autre pour les campagnes, modèles qui, d'office, et suivant le cas, devaient être imposés aux villes ou aux campagnes n'usant pas de la faculté qui leur était laissée de se donner elles-mêmes un règlement spécial. « *Si dans le délai d'un an à partir de la promulgation de la présente loi, une commune n'a pas de règlement sanitaire, il lui en sera imposé un d'office, par arrêté du Préfet, le Conseil*

Départemental d'Hygiène entendu. (Loi du 15 Février 1902, article 11, § 2).

Ainsi donc, et suivant le texte de l'article 1 de la loi, dans toute commune, le Maire est tenu de prendre un arrêté portant Règlement Sanitaire Communal, *après avis du Conseil Municipal.*

Voilà des termes qui ne se rencontrent généralement pas à propos des arrêtés municipaux, que le Maire peut prendre en vertu de la loi du 5 avril 1884, article 95, d'après certaines régles, et dans certaines conditions, il est vrai, mais sans qu'il lui soit imposé, en thèse générale, d'autre contre poids que l'approbation préfectorale, qui peut annuler un arrêté municipal, ou en suspendre l'effet. Ici comme toujours, cette approbation est nécessaire, mais de plus, le Maire doit prendre l'avis de son conseil.

Notons bien qu'il n'est pas dit *après approbation,* mais seulement *après avis.* Les deux termes n'ont évidemment pas le même sens ni la même portée, et il ne me semble pas qu'ils aient été pris involontairement ni indifféremment l'un pour l'autre, par le législateur leur attribuant même valeur.

Dans la pratique, un Maire prendra un arrêté portant Règlement Sanitaire Communal : le plus souvent c'est à une compétence spéciale qu'il aura confié le soin de rédiger ce document important : puis, le couvrant de son autorité et le faisant sien, il le soumettra à l'avis du Conseil Municipal. Tout sera pour le mieux dans l'hypothèse, la plus fréquente du reste, d'une entente parfaite entre le Maire et son Conseil approuvant sans discussion le code sanitaire qui lui est présenté, ou n'y apportant que des amendements d'importance toute secondaire.

Mais envisageons le cas d'un désaccord, s'élevant entre le chef de la municipalité et la majorité de ses conseillers désapprouvant l'œuvre dans son ensemble, ou bien demandant telles modifications qu'ils croient justes, telles additions, telles soustractions qui leur paraissent utiles. Le Maire recevra ces opinions, ces conseils, ces avis ; mais ces changements proposés, il aura, de par la loi, toute liberté de les repousser tous, ou d'en accepter quelques-uns, en rejetant les autres, dans la mesure et dans les conditions de choix et de préférence qu'il lui plaira. Est-ce à dire que « l'avis du conseil municipal » que le maire doit demander, soit une pure formalité, ou pis encore, une comédie destinée à mettre en présence et en conflit l'autorité du Maire et celle

2

du Conseil Municipal?... Tel ne fut certainement pas le but poursuivi par le législateur de
1902, et loin de voir dans ce texte une méfiance ou une intention hostile à l'égard de
l'autorité municipale, j'aime à n'y trouver que
ce qu'y ont mis la prudence et la clairvoyance
du pouvoir législatif. Car rarement un texte de
loi fut plus longuement et plus diversement
présenté, discuté, remanié ; et s'il est permis d'y
relever encore bien des imperfections et des
lacunes, ici du moins, à mon avis, faut-il
reconnaître un grand esprit de sagesse et de
prévoyance.

Dans ses grandes lignes, tout Règlement Sanitaire, il est vrai, sera imité de l'un des deux
modèles établis par le Conseil Supérieur d'Hygiène et envoyé à tous les Maires ; mais dans
ce qu'il peut avoir de spécial, de particulier à
la commune pour laquelle il est rédigé, ce
Règlement peut présenter des difficultés de rédaction, des problèmes peuvent être proposés,
des diversités d'interprétation et de solution
peuvent se rencontrer en face desquelles un
Maire devra faire preuve de cette science très
approfondie et touchant à tout, sans laquelle il
se trouvera fort exposé à des fautes et à des
erreurs. Mais il trouvera aussi à son service, et
du fait même de cette prudence et de cette

prévoyance du législateur, qui en ont ainsi décidé, il trouvera à son service, des lumières, des opinions, des solutions qui constituent *l'avis du Conseil Municipal;* libre à lui d'en faire tel usage qu'il voudra, qu'il croira juste et sous sa personnelle responsabilité. Voilà la portée vraie de l'intervention du Conseil Municipal.

Par contre, l'approbation préfectorale reste ici, comme toujours, obligatoire, donnée elle aussi après avis du Conseil Départemental d'Hygiène, avis qui sera au Préfet, ce qu'a été au Maire, l'avis du Conseil Municipal.

Ainsi donc, la restriction apportée à l'autorité du Maire par l'obligation de consulter son Conseil et de recueillir l'avis de celui-ci, est évidemment un contrepoids à son absolue liberté : en fait, elle entrave fort peu son droit de faire comme il lui plaît : il prendra l'avis de ses conseillers, mais ceux-ci entendus, ne l'oublions pas, il décidera seul, et malgré tous, si tous lui sont opposés, et par sa seule volonté; et l'arrêté qui sera l'expression de ces décisions et de cette volonté, aura force de loi et sera exécutoire, pourvu qu'approuvé par l'autorité préfectorale.

Et ici encore, quelle large tolérance, quel esprit de conciliation et de prudence doivent

présider à tous rapports, entre les deux branches de l'autorité!... Dans toute la littérature
administrative et sanitaire qui a pour objet
l'application de la loi sur la protection de la
Santé Publique, il n'existe pas d'exemple — je
n'en connais du moins aucun — d'un Préfet
intervenant d'office et par mesure de rigueur,
pour imposer tel changement, telle modification à un Règlement Sanitaire, encore moins
pour suspendre ou annuler purement et simplement ce Règlement. Des invitations, des conseils,
des prières, souvent, pour ne pas dire toujours;
des ordres ou seulement des menaces, jamais.
Et ceci se conçoit sans peine, à la lecture des
conseils de modération qu'adresse aux Préfets,
Monsieur le Ministre de l'Intérieur, dans sa
Circulaire du 30 Mai 1903, à l'endroit même
des délais impartis aux municipalités pour se
conformer aux préceptes de la loi sanitaire !...
En principe *la présente loi* (du 15 Février 1902)
devient exécutoire un an après sa promulgation
(*article 34*). Dans la pratique, le 30 Mars 1903,
le Ministre lui-même écrit aux Préfets pour les
inviter à user de toute modération, à n'intervenir
qu'après mise en demeure préalable et offi-
cieuse, presque amicale. « *Il n'y a pas lieu de se
montrer rigoureux,* » dit-il fort justement, car
en pareille matière, c'est par la persuasion bien

plus que par la violence qu'on doit arriver au but. Et c'est le principe qui préside à tous les rapports de Préfet à Maire. Un délai d'un an est prescrit; mais c'est un délai minimum, et la loi ne sera exécutoire qu'après ce délai. Quand commencera-t-il du reste et de quelle date doit-on le faire courir? De la date de la promulgation de la loi, en tant que délai minimum; mais en réalité et dans la pratique, « *du jour où les municipalités dûment éclairées par les instructions préfectorales, auront pu manifester soit leurs intentions d'appliquer la loi, soit leur indifférence ou leur mauvais vouloir.* » Le temps, du reste, n'est nullement limité après lequel les municipalités devront manifester leurs intentions; peut-être même n'en auront-elles jamais. Et voilà pourquoi, au moment où j'écris ces lignes, six ans après la promulgation de la loi, celle-ci est encore inexécutée, inappliquée, sur une large partie du territoire de la République. Quand seront terminés ces délais? quand toutes les municipalités auront-elles manifesté leurs intentions?..

Nous connaissons donc le sens et l'interprétation que comportent ces mots : *après avis du Conseil Municipal*, à propos de l'obligation faite au Maire de prendre un arrêté portant Règlement Sanitaire Communal. La loi, je le

répète, a voulu contraindre le Maire à demander et à recevoir des avis, des opinions, des
éclaircissements et des lumières. En demandant l'avis de son Conseil, il a rempli un
devoir ; en refusant de s'y soumettre il use d'un
droit ; l'un et l'autre sont incontestables et résultent évidemment de l'intention du législateur.

Telle est la première rencontre du droit et
du devoir dans cette étude du rôle réservé à
l'autorité municipale en matière d'hygiène et
de salubrité publique, et quand je disais que
loin de se limiter et de se contredire, ils doivent le plus ordinairement se compléter, s'ajouter, se parfaire l'un l'autre, je prévoyais le cas
ordinaire et souhaitable, celui d'un accord
existant entre le Maire et son Conseil. Dans ce
cas, en effet, le seul qui devrait se rencontrer,
ce devoir légal de prendre l'avis de ses auxi-
liaires, de ses coadjuteurs immédiats, le Maire
le remplira sans penser au droit — au droit
légal aussi — qui lui appartient de n'en tenir
aucun compte ; mais il considèrera comme un
autre devoir — un devoir moral cette fois —
d'accepter ces avis, de les accueillir favorablement, de les mettre en pratique, d'y conformer
ses décisions et sa conduite. Là où la loi lui
reconnaît un droit à exercer, la sagesse et la

prudence lui indiquent un devoir à remplir : celui d'alléger ses épaules d'une responsabilité dont il est pour lui tant d'inévitables occasions d'alourdir le poids.

CHAPITRE DEUXIÈME

Le Bureau d'Hygiène

A ce rouage, à ce mécanisme nouveau qu'est le Règlement Sanitaire Communal, un moteur est nécessaire. C'est l'article 19 de la loi du 15 Février 1902 qui le fournit, dans les grandes agglomérations, du moins.

« Dans les villes de 20.000 habitants et au-dessus, et dans les communes d'au moins 2.000 habitants qui sont le siège d'un établissement thermal, il sera institué sous le nom de Bureau d'Hygiène, un service municipal chargé, sous l'autorité du maire, de l'application des dispositions de la présente loi (art. 19 § 2).

Les Bureaux d'Hygiène ne sont devenus obligatoires que depuis 1902 ; mais bien avant cette date, un certain nombre de villes avaient organisé un service sanitaire auquel elles avaient donné ce nom. C'est le Hâvre qui en donna le premier exemple en 1879. puis Nancy, (1879), Reims (1881), Cannes (1882), Amiens

(1884), Pau (1885), le suivirent. Il y a aujour-
d'hui en France, 155 Bureaux d'Hygiène,
obligatoires.

Au point de vue du rôle réservé au Maire
dans la création de ce service, il y a lieu d'établir une distintion et de diviser les bureaux
d'hygiène par ordre chronologique en trois
catégories :

1º Ceux créés avant la loi de 1902;

2º Ceux créés après cette loi et avant le
décret du 3 juillet 1905 relatif à son application (du 15 Février 1902 au 3 Juillet 1905).

3º Ceux créés après le décret du 3 Juillet
1905.

Pour les Bureaux d'Hygiène antérieurs à la
loi du 15 Février 1902, il est bien évident
qu'aucune réglementation ne s'appliquant à
ces services, il appartenait aux Maires qui en
avaient compris l'utilité, de les organiser, de
les mettre en fonctionnement et de leur donner
des attributions, comme ils le voulaient, sans
contrôle et sans obligation imposée par
aucune autorité. Ce fut le cas de tous les
bureaux auxquels nous faisions tantôt allusion,
et qui furent institués pour répondre à une
nécessité locale, accidentelle ou permanente.
Aussi y trouve-t-on les organisations les plus
différentes établies en vue du fonctionnement

et des attributions les plus diverses auxquelles ils sont destinés. Personnel, local, budget, attributions, tout était réglé suivant la conception que se faisaient de ces services le Maire ou le Conseil Municipal qui en avaient décidé la création.

Mais la loi de 1902 vint apporter une certaine homogénéité dans toutes ces organisations diverses, concourant toutes dans le fond et sensiblement au même but, mais par des voies bien différentes. Désormais, s'il fut encore possible de donner aux Bureaux d'Hygiène le personnel, le local, le matériel qu'il plut aux Maires, du moins leurs attributions et leurs rôles furent réglés dans les grandes lignes, leur but fut fixé, leur objet déterminé. Ils étaient *chargés, sous l'autorité du Maire, de l'application des dispositions de la présente loi* (15 Février 1902, art. 19). Cette phrase est tout un programme qui sera imposé, le même, à tous les Bureaux d'Hygiène.

Les moyens de le remplir, peuvent, il est vrai, différer, et l'uniformité désirable d'action n'est pas encore acquise. Mais il n'y a pas, en réalité, deux manières de faire de l'hygiène et de la bien comprendre pratiquement, et lorsque déjà le but à atteindre est le même pour tous, il est des chances que les moyens de le

poursuivre aient entre eux quelques points de
contact. C'est ce que j'eus l'occasion de constater dans les visites que je fis en 1904 à
divers Bureaux d'Hygiène en France et à
l'étranger. En France, les uns venaient de se
constituer légalement, et comme d'une seule
pièce, pour satisfaire à la loi; les autres en
étaient à la période de réorganisation, d'adap-
tation, toujours en vue de l'application de ce
même texte.

Un grand nombre de Bureaux d'Hygiène en
France datent de cette époque. Or, le rôle,
l'action réservée au Maire, ne sont pas les
mêmes, n'ont pas les mêmes caractères ni la
même importance, suivant qu'on les considère
postérieurement à la loi de 1902, mais avant
ou après le décret du 3 Juillet 1905.

Ce décret, en effet, marque dans l'existence
des Bureaux d'Hygiène, une période du plus
haut intérêt, au point de vue spécial qui nous
occupe.

Après la loi de 1902, donc, le Maire a toute
liberté d'organisé ce Bureau et de l'adapter à
certaines exigences qui lui permettront *d'appliquer les disposilons de la loi.* Sans doute et pour
les services qui auront été créés et organisés
d'une façon sage et utile, quand paraîtra le
décret du 3 Juillet 1905 fixant les attributions

des Bureaux d'Hygiène, le fonctionnement de
ces services préexistants sera sensiblement voisin de celui que rendra nécessaire la répartition de ces attributions, et il ne faudra que peu
de changements, pour faire du Bureau d'Hygiène de 1902, le Bureau d'Hygiène de 1905.
Mais — et c'est là ce qui est particulièrement
intéressant pour nous — en 1902, le Maire,
seul, sans contrôle, sans délibération, sans
avis du Conseil Municipal, crée, organise,
comme il l'entend, son Bureau d'Hygiène que
lui impose la loi. Le décret du 3 Juillet 1905
et la Circulaire Ministérielle du 23 Mars 1906,
au point de vue de l'autorité du Maire et de
l'exercice de ses droits, changent considérablement les choses.

De ce texte législatif (art. 19 § 2 de la loi
du 15 Février 1902, que nous connaissons, rap-
prochons le texte du décret du 3 Juillet 1905.
*« Dans les Communes où l'institution d'un Bureau
d'Hygiène est obligatoire, une délibération du
Conseil municipal fixe l'importance du personnel, et les allocations qui peuvent lui être attribuées, désigne le local où sera installé le service
et arrête les dépenses que peuvent entraîner son
organisation et son fonctionnement. Le Conseil
Municipal statue en outre sur la création d'un
laboratoire d'hygiène, etc... »*

Ce texte est sensiblement voisin de celui que nous rencontrerons à propos du service de la désinfection, au chapitre quatrième. Tandis qu'antérieurement à ce décret, le Maire avait toute latitude pour faire ce qu'il voulait, ici, et depuis le 3 Juillet 1905 nous allons voir l'autorité, les pouvoirs, les droits partagés entre le Conseil Municipal et le Maire, chacun d'eux recevant d'office un rôle spécial, celui-là comme pouvoir législatif, celui-ci comme pouvoir exécutif.

Le Conseil Municipal décide que le personnel du Bureau d'Hygiène se composera de N employés, qu'une somme X, sera affectée au fonctionnement du service, que celui-ci sera installé dans tel local, pourvu de tel matériel, que le crédit total s'élèvera à la somme de Q affectée à l'organisation et au fonctionnement. Enfin, il statue s'il y a lieu de créer un laboratoire d'analyses et de recherches qui sera le complément du Bureau d'Hygiène, ou bien si un laboratoire municipal existant antérieurement ou tout autre laboratoire privé, il y aura intérêt à s'adresser à l'un de ceux-ci.

Et voilà le rôle du Conseil Municipal terminé ; une délibération fait état de cette institution nouvelle et des conditions qui y président; la parole est maintenant au Maire : après la délibération, les arrêtés.

Un arrêté du Maire, en effet, réglemente les mesures de détail nécessaires pour assurer l'exécution de la délibération du Conseil Municipal relative à l'organisation et au fonctionnement du Bureau d'Hygiène. (Art. 5 du décret du 3 juillet 1905).

Nous voyons ici se produire exactement la même procédure que celle que nous rencontrerons à propos de la création de la station de désinfection, sauf peut-être que le choix du local n'est pas laissé entièrement au Maire (le Conseil Municipal décide), pour l'installation du Bureau d'Hygiène, comme il l'est pour l'assiette de l'immeuble où sera établie la station de désinfection. De plus, nous reconnaîtrons au Maire le libre choix du personnel de la désinfection; mais ici nous sommes en face d'une restriction importante, la plus importante sans conteste imposée à l'autorité du Maire, qui s'en est difficilement accommodée, si nous en jugeons par les protestations soulevées dans de récentes assemblées et dans le Congrès des Maires tenu à Paris en 1907. Je veux parler du choix et de la nomination du Directeur du Bureau d'Hygiène qui ont provoqué de violents mécontentements contre le décret du 3 Juillet 1905 « *restreignant jusqu'à l'annuler, le droit pour le Maire de nommer le Chef du Service de l'Hygiène »* (Revue municipale de Janvier 1908, délibération du Conseil Municipal de Tours).

L'étude de cette importante question et des diverses solutions qu'elle comporte, feront l'objet du chapitre suivant. Quant aux autres membres du personnel, employés de Bureau, inspecteurs, etc., le choix en est incontestablement abandonné au Maire dans les limites fixées par le Conseil Municipal, qui en a décidé l'importance. Il en est de même de la répartition des sommes inscrites au budget communal et affectées à ce service : le Maire — s'il ne peut, comme nous le verrons dans le chapitre suivant, décider en toute liberté le traitement du Directeur, que le Ministre lui-même aura indiqué ou imposé dans plus d'un cas — a tout pouvoir pour distribuer, comme il entend, le crédit prévu, parmi les autres membres de ce personnel.

Pratiquement les choses se passent-elles ainsi dans les Bureaux d'Hygiène actuellement existants ? Assurément c'est le Conseil Municipal qui vote le crédit demandé par le Maire au moment du vote du Budget ; mais jusqu'à quel point a-t-il déterminé lui-même l'importance de ce crédit ? Cela est vrai dans la

mesure où l'on peut dire que toute dépense
est ordonnancée et mesurée par le Conseil
Municipal..... Et quant au personnel, n'est-ce
pas le Maire, en réalité, qui fixe encore, par
lui-même et par lui seul, le nombre d'employés
qu'il va affecter au Bureau d'Hygiène ? En
droit et légalement, c'est au Conseil qu'il appartient de décider de l'importance, c'est-à-dire
du nombre de ce personnel; mais combien
rares les cas où le Conseil a exigé que l'usage
de ce droit lui fut laissé! Et ordinairement il
abandonne au Maire cette précieuse préroga-
tive de distribuer les faveurs de ces nomina-
tions et de ces choix.

Que dire du local que le Conseil encore doit
choisir, et combien peu de Conseils se connais-
sent même la possession de ce droit!... Tous
les Bureaux d'Hygiène, en France, ont un
local vaste et spécialement aménagé, un peu
en dehors de la Ville ou de l'agglomération,
avec cour ou jardin pour l'élevage de cobayes,
de lapins, utiles aux expériences que ce service
doit poursuivre. Mais c'est bien le plus souvent
du Maire seul qu'ils le tiennent, et c'est au
Maire seul qu'on a coutume de s'adresser pour
toutes questions de ce genre.

Donc, en réalité et en fait, de toutes ces restrictions que la loi — ou du moins le décret

du 3 Juillet 1905 et la Circulaire Ministérielle du 23 Mars 1906, en ce qui concerne l'organisation des Bureaux d'Hygiène — apportent à l'autorité et à l'action du Maire, la plupart sont pratiquement méconnues et ignorées de ceux-là mêmes dont elles consacrent un droit, les membres du Conseil Municipal. Ceux-ci voteront une première fois le principe de l'organisation d'un Bureau d'Hygiène (et c'est probablement le Maire qui aura présidé à cette organisation), ils voteront chaque année le budget proposé par le Maire, qui fera tout le reste. Une seule attribution lui est véritablement contestée, et, disons-le, en partie enlevée dans la théorie comme dans la pratique. C'est celle relative à la nomination du Directeur du Bureau d'Hygiène, nomination pour laquelle a été prévue une procédure toute spéciale que nous allons étudier. Mais avant de passer à l'analyse et aux commentaires de cette procédure, un point encore de la question qui nous occupe mérite d'être fixé.

Le Conseil Municipal a créé le Bureau d'Hygiène, ou du moins comme nous l'avons vu, en a déterminé les éléments, local, matériel, budget, personnel. Ces éléments, dans leur nature et leur constitution, ont été soumis à l'approbation de l'autorité Ministérielle qui les a exa-

minés, pesés, mesurés, et finalement acceptés.
C'est cette acceptation par le Ministre de l'Intérieur ou du moins par le Directeur de l'Assistance et de l'Hygiène Publique, qui rend
définitive et légale la création d'un Bureau
d'Hygiène. Celle-ci, une fois acquise et définitivement établie, le Maire a-t-il le droit d'y
toucher dans le sens de réformes à y apporter? Peut-il librement modifier, bouleverser
ces éléments constitutifs dont l'ensemble con-
court à la formation, à l'existence même d'un
Bureau d'Hygiène, formation, existence qui
n'ont acquis, aux regards de la loi, une valeur
réelle, que du fait de la consécration officielle
qui leur a été donnée par le pouvoir ministériel, après que le Conseil Municipal eût lui-
même rempli la mission qui lui fut dévolue?
Il n'est guère possible de répondre à cette
question d'une façon générale, parce qu'à mon
sens il n'y a pas lieu d'en faire l'objet d'une
question. Le Bureau d'Hygiène est un service
municipal comme tous les autres et au même
titre que tous les autres, et il ne me paraît pas
utile de vouloir prévoir à son endroit une
procédure spéciale, qui lui assigne une place à
part dans l'organisation municipale. A la base,
à l'origine de tous ces organes qui constituent
le mécanisme principal, se trouve une sorte de

contrat, une entente, entre pouvoir local et pouvoir ministériel ; cette entente s'établit sous la forme d'arrêtés approuvés, de décrets promulgués, etc... C'est ainsi que fut créé dans telle ville un service d'octroi ; c'est ainsi que fut organisé un établissement hospitalier ou d'enseignement; c'est ainsi qu'est institué aujourd'hui un Bureau d'Hygiène, et, pas plus pour celui-ci que pour ceux-là, il n'y a lieu d'envisager l'hypothèse d'un désaccord qui surviendrait, né d'un manquement aux engagements pris et votés. Le Bureau d'Hygiène restera dans l'avenir ce qu'il fut à l'origine, ses attributions et son rôle ayant été une fois pour toutes bien nettement définis, et son fonctionnement décidé « *ne varietur* ».

Si je me suis arrêté un instant sur ce point délicat du droit que pourrait exercer un Maire, de jeter par voie budgétaire, ou autrement, la désorganisation dans son Bureau d'Hygiène, c'est que la crainte de voir réaliser cette hypothèse me fut exprimée par quelques confrères qui avaient eu à lutter contre le mauvais vouloir de l'autorité municipale. C'est dans ces villes que l'intervention ministérielle dut se faire sentir, pour établir le service dans son organisation première. Des intentions hostiles de l'Administration municipale, il ne restait rien, au bout de la première année de fonctionnement; l'œuvre était jugée à ses résultats, et il n'est pas de Bureau d'Hygiène dont il ait été fait un essai loyal et impartial, qui ne soit approuvé et estimé pour les immenses services qu'il rend journellement. C'est pourquoi les Bureaux d'Hygiène demeureront ce qu'ils ont été faits, au moment de leur création première, d'un accord unanime entre les trois pouvoirs qui sont intervenus dans cette création : ils ne seront pas du moins diminués ni amoindris ; et cela sans qu'ait à intervenir l'autorité supérieure, dont ce serait évidemment le droit et le devoir, mais seulement parce qu'il n'est pas de municipalité qui ayant éprouvé les bienfaits de l'institution, s'en veuille débarrasser, ni en puisse priver ses administrés.

Chapitre Troisième

La Nomination
du Directeur du Bureau d'Hygiène

Nous touchons ici à l'un des problèmes les plus délicats qu'ait soulevés l'application de la loi du 15 Février 1902. Je ne craindrai même

pas d'affirmer que ce fut là la question principale, ce que l'on peut appeler la pierre
d'achoppement, à laquelle se heurta malencontreusement l'institution si nécessaire et si sage
des Bureaux d'Hygiène. La suite de ce chapitre expliquera ce que j'entends dire par
l'adverbe « malencontreusement » que je
prends ici au sens étymologique du mot. Ce
fut bien une « rencontre malheureuse » et
fâcheuse de deux pouvoirs — le pouvoir municipal et le pouvoir ministériel — que provoqua
la question de la nomination du Directeur
Sanitaire dans certaines villes, et ce fut l'origine de ces protestations auxquelles je ferai
tantôt des emprunts. Là encore, il y avait, de la
part des municipalités, erreur d'interprétation,
je le prouverai : erreur, sur la nature des services
que l'on devait attendre de ce nouveau titulaire, défaut d'interprétation, sur une mesure
qu'elles jugeaient abusive, quand elle était par-
dessus tout amiable et de secourable intervention.

Tout cela demande à être expliqué et
démontré : c'est pourquoi je n'ai pas craint de
consacrer tout un chapitre à l'étude de cette
question.

« *Le maire nomme le Chef de ce Service*
(Directeur du Bureau d'Hygiène) *parmi les*

personnes reconnues aptes, à raison de leurs titres, par le Comité Consultatif d'Hygiène Publique de France.

« *Les Directeurs en fonctions des Bureaux d'Hygiène actuellement existants, sont dispensés de l'obligation de soumettre leurs titres au Comité consultatif d'Hygiène Publique de France* » (art. 2 du décret du 3 Juillet 1905).

A ce texte, le Congrès des Maires réuni à Paris en 1907 répondait par une énergique protestation contre la restriction imposée à la liberté et à l'indépendance du choix du premier magistrat municipal. Ces protestations contre une décision ministérielle qui « restreint jusqu'à l'annuler » le droit pour le Maire de nommer le Chef du Service de l'Hygiène — s'augmentaient peu après de celles émises sous forme de vœu par le Conseil Municipal de Tours, qui chargeait le Maire de cette ville, sénateur du département d'Indre-et-Loire, d'en porter l'écho jusqu'au Ministre de l'Intérieur.

« *Le Maire de Tours est invité à intervenir auprès des pouvoirs publics pour demander le retrait de certaines dispositions du décret du 3 Juillet 1905 sur les Bureaux d'Hygiène dans ce qu'elles ont de contraire au principe de l'autonomie communale, et à revendiquer pour le Maire, le droit absolu de nommer le Directeur du Bureau d'Hygiène, sans avoir pour cela à prendre d'autre avis que celui du Conseil Municipal.* »

Voilà donc bien ici, il faut le dire franchement dès le début, sauf à commenter ensuite, l'indépendance du Maire, son autorité enchaînée, étroitement limitée, prisonnière dans le champ réservé que lui abandonne le verdict rendu par le Comité Consultatif, je veux dire, par le Conseil Supérieur d'Hygiène publique. Il ne s'agit plus, en effet, du « *Conseil Municipal entendu* », ni de « *l'avis du Directeur du Bureau d'Hygiène* », comme nous l'avons vu au moment de la création de ce Bureau, ou de la rédaction d'un Réglement Sanitaire, comme nous le verrons à propos de l'organisation d'un service de vaccination ou de désinfection : c'est parmi *les « personnes reconnues aptes par le Conseil Supérieur* » que s'exercera le choix réservé au Maire, et la restriction est ici incontestablement réelle et évidente ; ce qui ne signifie pas, à mon avis, qu'elle enchaîne ou supprime toute liberté, ce qui surtout ne veut pas dire qu'il faille voir, ni dans les termes, ni dans l'esprit de ce texte législatif, une intention hostile, un dessein arrêté de contradiction ou d'opposition de la part de l'autorité ministérielle à l'égard du pouvoir municipal et de son *autonomie.*

Nous verrons en terminant ce chapitre, combien différente et toute autre est la pensée qui a inspiré le législateur, et de quel esprit de bienveillance, la chose est certaine, procèdent toutes les instructions ministérielles à l'endroit des Bureaux d'Hygiène et du rôle réservé aux Maires dans leur organisation.

Pour envisager toutes les données du problème et observer la question sous toutes ses faces, il y a lieu de distinguer à propos de leur nomination, le cas des Directeurs antérieurement nommés au décret du 3 Juillet 1905, et celui des titulaires qui ne furent appelés en fonction que postérieurement à ce même décret. La distinction ressort tout naturellement du reste de l'article 2 du décret et de ses deux paragraphes.

I. — *Nomination des Directeurs antérieurement au décret du 3 Juillet 1905*

« *Les Directeurs en fonction des Bureaux d'Hygiène actuellement existants (3 Juillet 1905) sont dispensés de présenter leurs titres au Conseil Supérieur d'Hygiène Publique de France.* »

Il serait excessif de vouloir prétendre que ce texte est d'une clarté et d'une précision de sens tout à fait irréprochable, et que par lui seul, la situation des Directeurs en fonction a été réglée définitivement et sans contestation possible. « *Ils sont dispensés de faire valoir leurs titres devant le Conseil Supérieur :* » cela signifie que des aptitudes, des capacités dont les autres candidats devront faire preuve, on fait grâce aux anciens titulaires, on les tient quitte : le verdict favorable, que les autres devront obtenir du Conseil Supérieur, leur est acquis de plein droit, et le fait d'avoir dirigé déjà ce Bureau d'Hygiène, de l'avoir fondé peut-être, tient lieu de ces titres qui permettent d'établir, de reconnaître les « aptitudes » des autres.

Mais après ?

Observons tout d'abord qu'à l'époque où fut désigné ce directeur du Bureau d'Hygiène, antérieurement au décret du 3 Juillet 1905, c'est en toute liberté que le Maire fixa son choix. Tout au plus fut-il obligé de le soumettre à l'avis du Conseil Municipal, car ce fut sans doute dans cette séance où, après avis du Conseil Municipal, vraisemblablement consulté, fut voté le principe d'un Bureau d'Hygiène, que le Maire décida et proposa à la ratification de ses Conseillers, le choix d'un Directeur. Il s'agit donc d'un Directeur nommé antérieurement au décret de

Juillet 1905, nommé par le Maire, et sans doute accepté par le Conseil Municipal, en fonction depuis un an, deux ans, cinq ans, et le voilà en présence d'un texte législatif, qui, exigeant pour tout nouveau candidat, telles conditions spéciales, l'en dispense, l'en exonère, sans déterminer cependant d'une façon expresse, si sa nomination antérieure reste acquise de droit, ou si elle ne conserve son effet qu'à certaines conditions, et quelles sont celles-ci.

Texte obscur, pouvant donner lieu à des interprétations contradictoires, pouvant ouvrir le champ à des discussions et à des traitements spéciaux suivant les cas.

Je ne vais pas jusqu'à dire que cette obscurité de texte fut intentionnelle, mais elle cache, à mon avis, la difficulté, l'impossibilité de trouver une solution s'appliquant à tous les cas et à tous les individus.

C'est en présence de ces textes, plus particulièrement, qu'il faut s'inspirer de l'esprit bien plutôt que de la lettre, et c'est ainsi qu'il me sera possible de résoudre le problème délicat que pose la situation de ces anciens directeurs.

Evidemment c'eût été injustice criarde de les supprimer d'un trait de plume, donnant

3

une sorte d'effet rétroactif à un Règlement
d'Administration Publique qui, prévoyant des
conditions spéciales pour la nomination de
ces titulaires à venir, ne pouvait tenir rigueur
aux titulaires antérieurs d'avoir été nommés
non conformément à une procédure qui
n'existait pas encore. Il fallait donc s'occuper
d'eux, ne pas les oublier, ne pas oublier surtout
qu'ils pouvaient avoir droit à quelques égards,
au nom des services rendus, et à raison des
situations acquises toujours respectables.

D'autre part, ne les supprimant pas, il y
avait incontestablement quelques dangers à
verser dans l'excès contraire, et à proclamer
leur maintien d'office, et par une mesure générale s'appliquant à tous. Car de ces directeurs antérieurs au 3 Juillet 1905, les uns,
ceux que j'appellerai les précurseurs de la loi,
ceux qui furent, même avant le 15 Février
1902, étaient tous de véritables techniciens,
des spécialistes que la clairvoyance de certaines administrations municipales avait chargés
d'un service dont elles avaient pressenti la
valeur : à ceux-là et d'une façon à peu près
générale, il eût été possible d'appliquer le
principe du maintien d'office, autant qu'il eût
plu aux Maires de n'y pas contredire par la
voie de la révocation.

Mais du 15 Février 1902 au 3 Juillet 1905, quarante longs mois s'étaient écoulés durant lesquels certains Maires avaient pourvu aux prescriptions nouvelles de la loi, par la création d'un Bureau d'Hygiène et la nomination d'un Directeur. Cette nomination, ils l'avaient faite librement et sans contrôle, comme ils avaient créé ce Bureau d'Hygiène, sans autres indications que celles bien sommaires des articles de la loi. Or, le texte de 1902 semble appuyer avec quelque insistance sur les prescriptions qui touchent plus spécialement à l'assainissement des immeubles. D'où cette conception que la loi de 1902 concernait administrativement les architectes bien plus que les médecins, et voilà pourquoi la plupart des Bureaux d'Hygiène créés dans cette période qui sépare la date de la promulgation de la loi, de celle du 3 Juillet 1905, furent confiés aux architectes communaux, cumulant ainsi — pour le plus grand bien de l'équilibre budgétaire — la double direction du Service de Voirie et du Service d'Hygiène.

Il y avait là un point de départ erronné, qui devait fatalement amener à un but autre que celui visé par le législateur. Cet état de choses n'était pas inconnu de l'auteur du décret du 3 Juillet 1905, qui ne pouvait accepter de laisser un aussi important service entre les mains d'architectes ou d'ingénieurs, trop étrangers par leur profession même, aux choses les plus importantes et les plus essentielles de la pratique sanitaire telle qu'on la voulait établir en France. A ces Directeurs de la période intermédiaire, que j'appellerai non plus des précurseurs, mais les premiers-nés de la loi — presque nés avant terme — il n'était pas possible d'appliquer la même mesure du maintien en bloc et par principe, sous peine de voir les Bureaux d'Hygiène fatalement condamnés à l'inutilité et à l'inaction, du fait d'une direction ne pouvant pas répondre aux obligations qui devaient lui être imposées.

Et de là naquit ce texte qui réservait tout, qui rendait tout possible. Aux yeux des Maires — et c'est à l'exercice de leurs droits et de leur devoirs qu'il faut toujours en revenir — ces anciens Directeurs choisis par eux, nommés par eux, n'avaient pas à être renommés : l'arrêté de mise en fonction par lequel ils avaient été institués n'était ni annulé, ni rapporté ; donc aucune intervention à prévoir pour l'autorité municipale.

Mais c'est l'autorité ministérielle qui se réservait de juger : c'est par elle que les anciens Directeurs « actuellement en fonction pou-

vaient être maintenus » — et c'est là que les
Maires ont vu la première atteinte portée à
leurs droits. Un certain nombre de Directeurs
nommés, en effet, dans les conditions que je
viens d'indiquer, ne furent pas acceptés, et la
constitution du Bureau d'Hygiène ne fut adop-
tée comme définitive et légale par la Direction
de l'Assistance et de l'Hygiène Publique
qu'après la nomination d'un nouveau Directeur choisi et nommé dans les conditions qui
vont être exposées dans les lignes suivantes.

Au total et pour ce qui concerne les Directeurs en fonction au 3 Juillet 1905, l'action
des Maires n'avait à se manifester en aucune
sorte ; ils n'avaient pas à intervenir, et je considère comme inutiles certains arrêtés de rappel
par lesquels quelques Maires crurent devoir
confirmer et maintenir les Directeurs précédemment nommés. — Quant à leurs droits, subi-
rent-ils réellement une atteinte du fait de la
non-acceptation par l'autorité ministérielle, de
reconnaitre comme suffisamment aptes certains
Directeurs de Service de Voirie, certains
Agents-voyers, faut-il le dire, certains chefs
cantonniers, que quelques municipalités avaient
cru pouvoir placer à la tête de leur Bureau
d'Hygiène ? J'ai déjà indiqué ce qu'il faut
penser de cette prétendue usurpation des

droits de l'autorité municipale au profit de l'autorité ministérielle; j'y reviendrai ultérieurement, en donnant toutes preuves à l'appui de cette interprétation vraie de l'esprit et des intentions de la loi.

— Voyons maintenant ce qu'il en doit être de la nomination des Directeurs postérieurement au décret du 3 Juillet 1905.

II. — *Nomination des directeurs postérieurement au décret du 3 Juillet 1905.*

La plupart des Bureaux d'Hygiène prévus par la loi du 25 Février 1902, ont été — et au moment où j'écris, je puis encore dire *seront*, postérieurs au décret du 3 Juillet 1905. Ce qui signifie que tous n'existent pas encore!...

La plupart des directeurs donc ont été ou seront nommés suivant la procédure prévue à l'art. 2 paragraphe 1. « *Le Maire nomme le directeur parmi les personnes reconnues aptes à raison de leurs titres par le Conseil Supérieur d'Hygiène Publique de France.* »

Dans la pratique, et dans l'immense majorité des cas, la nomination du directeur du Bureau d'Hygiène se fera sans difficulté d'aucune sorte et en suivant les instructions ministérielles à ce sujet qui ont fait l'objet de la Circulaire si

explicite et si documentée du 23 Mars 1905.
D'une part, en effet, il est du premier intérêt
d'un Maire, de ne confier la direction d'un service aux attributions si multiptes et si délicates,
qu'à un titulaire présentant une somme de
garanties suffisantes ; d'autre part il est permis
de penser que le Conseil Supérieur sera animé
de sentiments les plus largement bienveillants
dans l'élaboration de la liste des *aptes*, la somme
des connaisssances exigées étant sans doute peu
considérable.

Mais le mode d'élaboration de cette liste n'est-
il pas aux regards même du Maire à qui elle
sera adressée, défectueux et insuffisamment pré-
cis?... L'initiale du nom de chacun des *aptes*
fixera seule son rang, et celui dont les capacités auront été jugées tout juste suffisantes, se
trouvera, sans indication spéciale, à côté d'un
candidat très méritant, désigné par des titres
scientifiques, par des connaissances acquises en
la matière, par une pratique antérieure des
services sanitaires, etc. Quels renseignements,
quelles indications aura le Maire qui, dans une
impartialité absolue d'intention, ne voudra
donner la fonction qu'au plus méritant et au
plus capable? Puisque le Conseil Supérieur
est appelé à connaître des titres et de la valeur
scientifique de tous les candidats, pourquoi

ne pèserait-il pas les aptitudes de chacun en les comparant aux aptitudes de tous les autres ?... Et la liste serait établie alors, non pas au hasard aveugle de l'alphabet, mais d'après les résultats d'une sorte de concours sur titres. Cela sans préjudice pour le droit de tout candidat suffisament *apte* de figurer sur la liste, et tout en laissant intact le privilège du Maire appelé à choisir parmi tous les aptes, sans tenir compte, s'il lui plaît, de leur classification ; mais au cas où il en serait autrement, l'inscription par rang de mérite, le classement ne serait-il pas une précieuse garantie pour lui même, et pour le service, et pour son titulaire, qui ne devrait sa situation qu'à ses propres mérites, dont elle serait le juste salaire ?...

Ceci dit, il est donc hors de doute que le cas le plus fréquent sera celui du Maire exerçant légalement son choix, parmi les candidats reconnus *aptes* par le Conseil Supérieur, et figurant sur une liste dont le mode d'élaboration m'a amené à faire la digression ci-dessus. Mais en dehors de ce cas, je dois examiner l'hypothèse d'un désaccord survenant entre le Conseil Supérieur d'Hygiène appelé à reconnaître les candidats *aptes*, parmi lesquels sera pris le Directeur d'un service d'Hygiène, et le Maire ayant mission de choisir et de nommer ce Directeur.

Par avance et pour telles raisons que je puis ignorer, le Maire a fixé son choix et fermement engagé sa parole : son candidat est désigné, il veut celui-là… Or les titres que ce dernier a fait valoir auprès du Conseil Supérieur, n'ont pas paru suffisants, et son nom ne figure pas sur la liste des candidats reconnus *aptes*. En face de cette décision du Conseil Supérieur, le Maire croit devoir maintenir son choix pour des motifs de lui seul connus ; le jugement du Conseil Supérieur lui paraît entaché d'erreur ; son candidat mérite plus et mieux que ce rejet pur et simple ; il le croit et il l'affirme et, en fin de compte, il reste immuable dans sa détermination… Voilà le véritable conflit, l'opposition des deux pouvoirs…

En principe, le droit du Maire, je ne crains pas de l'affirmer, demeure entier, formel et absolu, bien qu'ici le moyen de l'exercer soit un peu spécial. C'est par la négative qu'il en usera, en opposant aux présentations du Conseil Supérieur, un refus catégorique de faire aucune nomination. Car il faut un arrêté pour asseoir le titulaire dans une fonction municipale, et dans les conditions ordinaires, cet arrêté nul ne peut le prendre aux lieu et place du Maire, pas plus que nul ne pourrait le lui faire prendre contre son gré, et si ce conflit, heureusement fort im-

probable mais pas impossible, venait à se produire.

Tel n'est pas, par bonheur, la façon dont il
faut envisager les rapports qui doivent exister
entre pouvoirs ministériel et municipal. C'est
par une fausse interprétation des termes et
surtout de l'esprit du décret du 3 juillet 1905
que se sont produites les protestations du
Congrès des Maires en 1907, contre ce qu'ils
ont considéré comme une violence et une
contrainte imposées à l'autorité municipale. Car
ce n'est pas là, je crois pouvoir l'affirmer, la
pensée, l'idée directrice qui a inspiré le législateur de 1905, et qui inspire chaque jour l'autorité chargée de continuer et de parfaire son
œuvre.

Comme au 23 Mars 1906, comme au 3 Juillet 1905, comme au 15 Février 1902, comme
au 10 Juillet 1906, un sentiment de bienveillance, une pensée d'aide et de secours ont
inspiré le législateur, ou plus exactement,
le représentant du pouvoir exécutif à qui
incombait la mission d'appliquer la loi, et non
pas une idée mesquine de contrôle étroit ou de
méfiante surveillance. Au Maire contraint malgré lui, à des devoirs nouveaux qui nécessitent
de la part de celui qui les doit remplir des
connaissances techniques spéciales, le Conseil

Supérieur, réunissant toutes les compétences, offre de partager le poids d'une responsabilité lourde à porter. Dans l'exercice d'un choix qui pourra être délicat, et dont les conséquences pèseront sur la santé et la vie de toute une population, le Maire sera guidé, conseillé par une autorité dont les décisions s'inspirent d'une science approfondie, qui juge et apprécie impartialement et en toute compétence, qui s'offre à éclairer sa route, qui ne saurait songer à la lui barrer.

Tel est évidemment le sens, telle est la portée de l'intervention ministérielle dans cette question de la nomination du Directeur du Bureau d'hygiène et quelles qu'aient été les protestations qu'à soulevées la réserve contenue dans le premier paragraphe de l'article 3 du décret, un accord, une entente s'en sont facilement suivis entre l'autorité ministérielle et l'autorité municipale, celle-ci voyant les choses sous leur vrai jour, et les remettant au point.

Mais je veux et je dois prévoir le cas du conflit s'aggravant, s'irritant de la résistance d'un Maire et je pose ainsi la question : *un Maire se refusant à nommer un directeur choisi parmi les candidats reconnus aptes par le Conseil Supérieur d'hygiène, qu'adviendra-t-il de cette nomination?*

Et d'abord c'est l'interminable série des démarches amiables, lettres, avis, circulaires, qui sera épuisée avec une inlassable patience de la part de la Direction de l'Hygiène Publique : tout sera tenté, tout sera mis en œuvre pour arriver à une solution amiable et il paraît invraisemblable que celle-ci ne soit pas atteinte. Que l'invraisemblable pourtant devienne vrai : le dernier mot doit ici, finalement, rester à l'autorité gouvernementale.

Cela me paraît ressortir du texte législatif lui-même. A côté de chacune des mesures de salubrité ou d'assainissement dont la loi fait obligation au Maire, il est en effet prévu le cas de la négligence ou de l'omission de la part de celui-ci, et il y est remédié par l'action du Préfet ou du Ministre.

Les articles 9, 10, 11, 12 et suivants de la loi du 15 Février 1902 prévoient cette intervention du Préfet en cas d'oubli ou d'omission de la part des Maires : il s'agit là de mesures d'assainissement qui elles-mêmes supposent en dernière analyse le fonctionnement du Bureau d'hygiène. Est-il permis de penser que l'autorité préfectorale, qui a mission de veiller à l'exécution de telles prescriptions légales, n'ait pas qualité pour assurer l'existence d'un titulaire qui est le pivot de toute l'organisation sanitaire? En d'autres termes, et bien qu'aucun texte ne prévoie l'hypothèse, je crois qu'en présence du refus opposé par un Maire de nommer un Directeur sanitaire, toutes les mesures de conciliation épuisées, et un certain délai moral expiré, il appartiendrait au Préfet, de pourvoir par voie d'arrêté à la nomination de ce Directeur, comme il lui appartiendrait ultérieurement d'inscrire d'office la dépense inhérente à ce service, au budget communal, quand celui-ci sera soumis à son approbation.

Voilà, j'en conviens, le cas bien exceptionnel et bien imprévu, où il pourrait être fait violence à l'autorité d'un Maire. Constitue-t-il un fait isolé et m'est-il besoin de rappeler que cette autorité dont la loi se montre pourtant si respectueuse, n'échappe pas toujours à un décret de suspension ou même de révocation?...

Il faut voir aussi dans cette procédure, d'ultime nécessité, la ressource qui en dernière analyse constituerait et assurerait à la fois le triomphe de l'équité et la garantie de relative inamovibilité due à un Directeur de Bureau d'Hygiène.

L'expérience a démontré combien le médecin investi du titre et des fonctions de Directeur Sanitaire d'une ville, doit consacrer à celle-ci la plus grande partie de son temps, alors

même qu'il ne lui a pas été fait l'obligation de
renoncer à toute autre occupation. On sait aujourd'hui comment ont été interprétées les
paroles de Monsieur le Ministre de l'Intérieur
qui, dans sa Circulaire du 23 Mars 1906, demandait aux Directeurs de Bureaux d'Hygiène
d'y consacrer « *tout leur temps* AUTANT QUE
POSSIBLE. » Dans la pratique, et la rétribution
accordée par les Administrations Municipales,
ne pouvant pas assurer à un médecin les
moyens d'existence auxquels il a droit, tous
les Directeurs Sanitaires ont conservé ou ob-
tenu quelques fonctions leur permettant de
parer à l'insuffisance de cette rétribution communale. Lorsqu'un Directeur a été nommé
dans la ville où il exerçait la médecine antérieurement à sa nomination, il a conservé de
cette clientèle ce qu'il a pu et comme il a pu ;
dans les villes où fut appelé un étranger ne
possédant aucune autre ressource que celle
lui provenant du Bureau d'Hygiène, c'est
l'Administration Municipale qui s'est attachée
à parfaire sa situation en le nommant soit médecin de l'Hôpital, soit inspecteur des écoles,
soit médecin communal, ou encore en lui con-
fiant l'assistance médicale gratuite, la police
des mœurs, quand elle est payée, etc. En un
mot, dans chaque ville, l'autorité municipale

ou préfectorale s'est efforcée de rendre possible et acceptable la situation matérielle faite
au Directeur d'Hygiène.

Quoi qu'il en soit, qu'il s'agisse d'un médecin
antérieurement établi dans la même ville et
ayant sacrifié à ses fonctions nouvelles la plus
large part de sa clientèle, ou d'un médecin
ayant abandonné sa position dans un pays
pour venir prendre la Direction d'un Bureau
d'Hygiène dans un autre pays, il n'en résulte
pas moins pour l'un comme pour l'autre, le
sacrifice et la perte de toute ressource, de tout
moyen d'existence ou à peu prés, en échange
de la fonction qui lui est donnée et sur laquelle
il compte pour l'avenir. Or, que du fait seul
d'un événement politique quelconque et parce
que ce Directeur Sanitaire aura cessé de plaire,
sans motif, à l'autorité nouvelle, le titre et la
fonction lui soient brusquement enlevés; que,
sans clientèle, parce qu'il en a abandonné la
grande partie, ou parce qu'il a quitté le pays
de son précédent établissement, il reste ainsi
sans rémunération, sans indemnité communale,
et cela, je le répète, sans qu'il y ait lieu, sans
qu'ait été commise la moindre faute professionnelle, mais par un acte arbitraire et foncièrement injuste de l'autorité municipale;
serait-il admissible que la situation d'un Direc-

teur sanitaire, docteur en médecine, dépende ainsi d'une façon absolue et sans contrôle, du caprice d'un Maire?

J'ai dit ailleurs ce que je pensais de la situation des Directeurs de Bureaux d'Hygiène, lesquels sont des titulaires placés sous l'autorité du Maire, mais non point des fonctionnaires municipaux et j'ai expliqué ce que j'entends par cette distinction. Une des prérogatives qui doit nécessairement leur appartenir, sinon légalement et officiellement, du moins moralement et pour la sauvegarde de leur dignité et de leur honneur, c'est la certitude de ne pouvoir être remerciés brutalement, sans explication, sans raison, et jetés sur le pavé sans ressource parce que sans appui. Cet appui moral qui lui est dû au nom de la justice et de l'équité, le Directeur d'un Bureau d'Hygiène doit le trouver auprès de la seule autorité de qui il relève aussi et qui est intervenue pour sa nomination, dont il sait pouvoir attendre toute justice, je veux dire le Ministère de l'Intérieur, ou plus exactement la Direction de l'Assistance et de l'Hygiène Publiques. C'est par elle et par elle seule que réparation pourra être faite, au cas improbable où un Directeur de Bureau d'Hygiène serait ainsi sacrifié à un esprit de vengeance ou de parti-pris. Comment pourrait se produire cette réparation?...

Qu'un maire prenne un arrêté de révocation contre le Dr X., Directeur du Bureau d'Hygiène de sa ville, et cela, je le répète, sans la moindre justification. L'arrêté municipal n'en a pas moins toute sa valeur, et il doit fatalement ressortir à effet; la révocation a été prononcée : elle est de fait. — Le poste de Directeur sanitaire est ainsi vacant : il y faut pourvoir dans la forme légale, c'est-à-dire, que la dite vacance doit-être annoncée à l'*Officiel*, et les candidats éventuels invités à se faire inscrire au Ministère de l'Intérieur. Or, rien n'interdit à un Directeur révoqué de poser à nouveau sa candidature. Le Conseil Supérieur d'Hygiène, connaissant d'un fait semblable à celui que je viens de supposer, n'aurait-il pas, en conscience et en justice, le droit de réparer une flagrante iniquité, en ne portant à la liste des aptes que le seul Directeur révoqué? Ne serait-ce pas là, la réponse d'un tribunal d'appel prononçant au nom de l'équité et de l'honneur, contre un jugement qui flétrit celui qui l'a porté, mais qui fait une victime contre tout droit ?...

Le Maire aurait encore la ressource, il est vrai, de ne pas faire de nomination par arrêté; mais, tel délai expiré, il appartiendrait au Préfet d'intervenir et de pourvoir à la vacance du poste en y appelant celui qui seul fut reconnu apte par le Conseil Supérieur d'Hygiène.

Voilà une procédure qui n'est certes pas prévue dans les documents législatifs; ne pourrait-elle devenir un acte de la pratique ? Je me hâte d'ajouter que nul ne m'en a inspiré l'idée, dont, vaille que vaille, je garde la paternité et assume toute la responsabilité. Je ne me dissimule pas qu'elle est pour soulever des récriminations et des plaintes des autres candidats aptes et non reconnus tels pour laisser le champ libre à un seul!... Là n'est pas le problème, et tout dépend de la façon dont on envisage la question, suivant que l'on admet, comme inévitable et fatal, le règne de l'iniquité et de la morale du bon plaisir, ou que l'on prétende, avec moi, à la justice et au bon droit nécessairement triomphants, en toutes choses et par tous les moyens.

Mais ce sont là des cas tellement improbables, et qui s'éloignent tellement des conditions, de l'esprit, qui doivent présider à toute organisation et à tout fonctionnement sanitaires, que je ne saurais m'y arrêter plus longtemps.

Je n'abandonnerai pas cependant ce chapitre des droits du Maire à l'égard du Directeur du Bureau d'Hygiène au point de vue, spécial de sa nomination, sans étudier un autre côté de la question généralisée et portée sur un terrain moins particulier.

Les attributions du Bureau d'Hygiène, partant celles de son personnel, y compris le Directeur, ont été déterminées et tout au long énumérées par la Circulaire du 23 Mars 1906 qui est le catéchisme des Bureaux d'Hygiène. En dehors et à côté de ces attributions, un Maire a-t-il le droit d'imposer à un Directeur de Bureau d'Hygiène, une mission, des occupations, voisines par leur caractère et leur nature, de ces attributions, s'y rapportant et y confrontant par un certain côté, mais, cependant ne figurant pas sur la liste des attributions obligatoires, ni même sur celle des attributions facultatives, telles qu'elles ont été arrêtées par la dite Circulaire?

Pour fixer les idées, prenons un exemple: la propreté de la rue, qui est un élément de salubrité et d'hygiène pour une ville et qui est le but et l'objet d'un service de voirie appelé service du balayement et de l'arrosement peut-elle faire partie des attributions imposées par le pouvoir municipal à son Bureau d'Hygiène?... En d'autres termes, ce service peut-il avoir, de par la volonté du Maire, la la direction du balayement et de l'arrosement public?... Je ne le pense pas et nous retomberions encore ici dans le cas des changements, des bouleversements apportés dans le fonctionnement d'un service dont l'organisation fut l'objet d'un accord intervenu entre le Ministère et la Municipalité d'une Ville : les clauses et conditions de ce contrat ont été stipulées d'avance dans des documents officiels qui y ont servi de base : le Bureau d'Hygiène n'est devenu définitif, n'a eu une existence légale et effective qu'après qu'il a été accepté et reconnu par la Direction de l'Hygiène Publique. Or, il n'est pas douteux, je l'affirme en vertu d'attestations et de preuves irrécusables que j'ai eues en mains, que l'autorité Ministérielle n'aurait accepté ni reconnu un projet de création, un plan d'organisation, dans lesquels le service du balayement et de l'arrosement aurait figuré comme attribution du Bureau d'Hygiène. A quoi eût servi de faire un programme du rôle et des fonctions incombant à ce dernier, si celles-ci et celui-là pouvaient être modifiés, transformés au gré de chaque Maire, non seulement dans chaque commune et pour chaque bureau, mais encore à chaque changement de municipalité, les récents édiles détruisant ce qu'ont fait les anciens, pour reconstruire sur des plans nouveaux, qu'un revirement d'opinion et de faveurs électorales pourront dans quatre ans, démolir à nouveau et ainsi de suite, aussi longtemps que les pouvoirs élus seront à la merci des événements et des fluctuations de la politique.

Ce que j'ai dit à propos des attributions du service qui ne sauraient être modifiées par la seule volonté du Maire, je devrais le répéter ici, car ce qui ne peut se faire, vis à vis d'un organisme quelconque, n'est pas davantage possible à l'encontre du chef, du directeur de cet organisme; ce qui m'amène à en reparler ici c'est qu'un facteur nouveau intervient, je veux dire le directeur lui-même qui, par zèle intempestif, pourrait accepter de remplir des fonctions ne lui incombant en aucune sorte : il excéderait ses droits en exagérant ses devoirs.

Ceci, du reste, me paraît hors de discussion, et l'auteur de la Circulaire du 23 Mars 1906 nous dirait certainement, s'il était consulté, qu'à aucun titre et sous aucun prétexte, et par aucun procédé, les attributions des Bureaux d'Hygiène ne peuvent être augmentées, ni étendues, ni échangées, par la volonté du Maire ni celle du Conseil Municipal; même en vertu d'un accord intervenu entre l'autorité municipale et le Directeur de ce bureau : il ne suffirait donc pas, qu'au jour de sa nomination et pour se poser en *persona grata,* un Directeur nouvellement appelé, acceptât — continuons notre hypothèse — la charge et la fonction de chef de ce service de voirie qu'est le balayement des rues, pour que légalement cette charge et cette fonction devinssent attribution de son service; et la Direction de l'Hygiène Publique en France informée, ne manquerait pas d'intervenir en pareil cas, et à juste titre, pour remettre toutes choses en place, et toutes attributions à leurs ayant-droit.

Je dois, ici, dire un mot du cas de certains Directeurs de Bureaux d'Hygiène à qui les Maires ont voulu imposer l'obligation d'assurer le service de vaccination et de revaccination.

Les objections à opposer à pareilles prétentions et propres à légitimer le refus d'acceptation des Directeurs sont nombreuses.

D'abord, comment oser prétendre qu'un texte officiel quelconque ait pu ranger la vaccination et la revaccination parmi les obligations incombant au Directeur d'un Bureau d'Hygiène, quand, de la loi même et de ses justes commentaires, il ressort incontestablement que ce Directeur pourra fort bien n'être pas docteur en médecine!... Etablir que le Directeur du Bureau d'Hygiène sera le vaccinateur communal, c'est mettre dans la main d'un Architecte, d'un Entrepreneur, d'un Ingénieur ou même d'un Chimiste ou d'un Pharmacien éventuellement directeur du service, la lancette et le tube de vaccin que doivent seuls manier le médecin et la sage-femme!... Inutile d'insister.

Mais il est une autre raison à opposer à l'interprétation municipale ci-dessus visée; c'est le texte législatif lui-même et ses commentaires. Ils établissent préremptoirement que la vaccination et la revaccination constituent essentiellement un service départemental. Je reviendrai, dans la suite, sur les motifs qui leur donnent ce caractère foncièrement départemental dans leur création, leur organisation, leur fonctionnement, etc., et j'établirai comment et par quel côté elles sont secondairement et accessoirement municipales, c'est-à-dire ressortissant à l'autorité du Maire, et constituant une attribution du Service Sanitaire Communal. Elles n'appartiennent à celui-ci, cela est incontestable, et je puis d'ores et déjà l'affirmer, que par le côté purement administratif. Je dirai au chapitre consacré à cette question, comment le Bureau d'Hygiène n'a pour besogne légale et obligatoire que ce que l'on pourrait appeler « *la paperasserie* ».

En propres termes il est dit, sinon dans la

loi, du moins dans le décret du 10 Juillet, que
seul le Préfet a qualité pour désigner et nommer dans chaque commune le médecin-vaccinateur, lequel est de ce fait, je ne dirai pas
un fonctionnaire, mais un praticien départemental. Cela, je crois, résout la question en
la supprimant.

En résumé et pour conclure, dans ce qui
touche à proprement parler à la nomination du
Directeur du Bureau d'Hygiène, l'intervention
ministérielle s'inspire d'un sentiment de
bienveillance et de spécialisation scientifique
tel que l'autorité municipale s'en effarouche-
rait à tort ; la part réservée à l'indépendance
de son choix me paraît encore suffisante pour
en assurer les effets, et pour ménager les sus-
ceptibilités les plus ombrageuses.

Par contre, la prétention d'un Maire vou-
lant imposer à ce Directeur — soit au moment
de sa nomination, soit après — des fonctions
qui ne figurent pas à la liste des attributions
du Bureau d'Hygiène, ou interprétant à sa
façon l'exercice de ces attributions, serait un
excès de pouvoir, que ne justifierait pas l'acceptation, par le Directeur même, de ces fonctions qu'il a le droit de refuser, et le devoir de
ne pas remplir.

Chapitre Quatrième

La Station de Désinfection

« *La désinfection est obligatoire pour tous les cas des maladies prévues à l'article 4; les procédés de désinfection doivent être approuvés par le Ministre de l'Intérieur.*

« *Les mesures de désinfection sont mises à exécution dans les villes de 20.000 habitants et au-dessus, par l'autorité municipale, suivant des arrêtés du Maire approuvés par le Préfet, et, dans les communes de 20.000 habitants, par les soins d'un service départemental* » (art. 7 de la loi du 15 Février 1902).

Il y a lieu d'étudier l'organisation et le fonctionnement du service de la désinfection. Je m'occuperai ici seulement de l'organisation, réservant pour plus tard le fonctionnement, que j'étudierai à propos des mesures de prophylaxie et de défense de la santé publique.

La création d'une station est évidemment une des attributions de l'autorité chargée de l'organisation sanitaire d'une ville. Voilà pourquoi il faut étudier la part qui revient au

4

Maire dans la création de ce service communal.

Du texte ci-dessus (art. 7 de la loi) il est
intéressant de rapprocher les termes du décret
du 10 Juillet 1906, portant Règlement d'Administration Publique sur les conditions d'organisation et de fonctionnement du service de la
désinfection. Il est dit (Titre I, chapitre I, art. 1)
« *Dans les villes de 20.000 habitants et au-dessus,
le Conseil municipal, après avis du Directeur
du Bureau d'Hygiène, décide la création d'un
ou de plusieurs postes de désinfection, et détermine la composition et la rétribution du personnel ; il vote les crédits nécessaires à l'acquisition et à l'entretien du matériel et au fonctionnement du service* ».

Du rapprochement de ces deux textes naît
une apparente contradiction, l'un — l'article 7
de la loi — laissant aux Maires le soin de
prendre les arrêtés suivant lesquels seront
mises à exécution, les mesures de désinfection ;
l'autre — l'article 1 du décret — attribuant au
Conseil Municipal le devoir de créer ce même
service, de l'organiser. de composer et de
rétribuer le personnel.... Quelle part est donc
réservée, en fait, à l'autorité du Maire dans
cette organisation ?

C'est à lui évidemment qu'appartient le

soin d'en prendre l'initiative et c'est lui qui portera la question devant leConseil en l'invitant à la résoudre conformément à la loi.

Notons ici, en passant, que le décret du 10 Juillet 1906 suppose l'existence et le fonctionnement d'un Bureau d'Hygiène, là où va être créée la station de désinfection : mais aucun texte, à mon avis n'y indique que ces stations ne pourront exister qu'à côté d'un Bureau d'Hygiène et avec lui. Evidemment partout où sera un Bureau d'Hygiène, sera aussi et parallèlement une station — et peut être plusieurs stations — de désinfection ; mais dans telle ville à population inférieure à 20.000 âmes, où les ressources communales ne permettent pas l'existence d'un service sanitaires complet tel que le constitue un Bureau d'Hygiène, et où les justes et judicieuses prévisions d'un pouvoir municipal inspireront l'organisation d'un Service de Désinfection Communal, suivant les instructions ministérielles sur la matière, fonctionnant de façon à concilier les droits de l'autonomie communale avec les règles de l'organisation départementale, il me paraît certain qu'une telle initiative se justifie pleinement, que nul n'y saurait contredire, et que toute autorité départementale ou ministérielle, ainsi que la population elle-même de cette ville ne sauraient qu'y applaudir et l'encourager. Là où un Bureau d'Hygiène existe, la station de désinfection sera placée naturellement sous son contrôle, et son fonctionnement sera une de ses attributions.

Voilà donc le Maire — c'est le décret qui le dit ainsi — invitant son Conseil à délibérer sur la création d'un service de la désinfection « *après avis du Directeur du Bureau d'Hygiène* », qui vraisemblablement sera ou aura été appelé à rédiger et à préparer le projet d'organisation.

Nous supposerons ce projet discuté et adopté, la station de désinfection créée, sa composition déterminée, son budget établi, les crédits nécessaires à son fonctionnement et à l'acquisition de son matériel votés.

Tout cela n'a pas été l'œuvre d'un jour : tout a été préparé, étudié, proposé et rapporté par le Directeur du Bureau d'Hygiène ; c'est en lui imposant ce travail de préparation que le Maire aura demandé « son avis ». — Le projet ainsi élaboré fut soumis au Conseil Municipal, puis, et — ce fut l'épreuve importante — au Conseil Départemental d'Hygiène qui l'aura peut-être modifié, augmenté, développé, et finalement renvoyé au Conseil Municipal. Celui-ci aura vraisemblablement accepté les observations et les changements demandés par le Conseil Départemental, et finalement, le Directeur du Bureau d'Hygiène proposant, le Conseil Départemental modifiant, corrigeant, complétant, le Conseil Municipal votant et adoptant, la Station de Désinfection a été créée.

Le choix du matériel a été décidé dans une séance du Conseil Municipal; de même la composition, le nombre et la rétribution du personnel ont été déterminés; il s'agit maintenant de le choisir, de le nommer, de fixer ses appointements, en répartissant le crédit voté par le Conseil Municipal : c'est le rôle, ce sont les attributions réservées au Maire.

Il faut un arrêté, je l'ai déjà dit, pour désigner un fonctionnaire municipal à une fonction quelle qu'elle soit, et c'est là le privilège du Maire qui seul peut prendre des arrêtés. C'est donc par cette procédure ordinaire que sera choisi et nommé le personnel du service, sans que personne puisse intervenir dans ce choix, ni même dans la répartition qu'il fera des diverses attributions parmi les divers titulaires. De même le budget du service ayant été voté par le Conseil, c'est au Maire qu'il appartient de le répartir, et l'arrêté de nomination fera nécessairement mention de cette autre répartition, qu'il aura librement établie sans consulter le Conseil Municipal si bon lui semble.

Mais ici une difficultè pourra surgir dont aucun Réglement d'Administration Publique, à ma connaissance, n'a prévu la solution.

Le décret du 10 Juillet 1906 s'attache à résoudre la question du service départemental de la désinfection, et les instructions ultérieurement publiées aboutissent pratiquement à cette formule : le service communal devenant dans certaines conditions et suivant certaines règles convenues un service départemental. — De même que telle grande ville a été choisie administrativement comme chef-lieu du département, de même la ville de 20.000 habitants et au-dessus, possédant un Bureau d'Hygiène, d'autres villes encore, comme je l'ai dit, plus soucieuses de la salubrité et de la santé de leurs habitants, deviendront des chefs-lieux de désinfection, si l'on peut employer pareils termes. Autour d'elles ont été groupées, par décisions préfectorales, un certain nombre de petites communes dont le service de désinfection sera assuré suivant telle ou telle organisation par les stations des villes chef-lieu. Donc, cette station doit répondre à un double objet et devenir, suivant le cas, service communal ou service départemental : au premier titre elle dépend du Maire qui en nomme le personnel; comme service départemental, c'est la Commission Sanitaire de la Circonscription et le Préfet, qui en ont l'organisation et la charge au point de vue du fonctionnement.

L'art. 4 du décret du 10 Juillet prévoit en effet, des postes de désinfection créés de loin en loin dans certaines conditions d'éloignement maximum, de densité de la population, de nombre de communes, etc. Ce sont les appareils appartenant à la station de désinfection de la ville chef-lieu, qui seront mis à la disposition des communes voisines.

A propos de la composition du matériel de la station de désinfection communo-départementale, un conflit pourrait s'élever entre le Préfet et le Conseil Municipal, puisque la composition de la station départementale intéresse le Préfet autant que la composition de la station communale intéresse le Conseil Municipal ; mais c'est le rôle du Maire que nous voulons connaître et lui seul nous concerne : or nous savons qu'il ne détermine pas la composition de ce matériel, mais que seulement il choisit le personnel de la station, laquelle aura vraisemblablement un personnel communal et un personnel départemental. Ce dernier est choisi par la Commission Sanitaire de la Circonscription qui le propose au Préfet à fin de nomination. Le Directeur du service départemental est choisi par la Commission Sanitaire et dans son sein même autant que possible avec le titre de délégué ; c'est lui qui devra choisir les chefs de postes et les présenter au Préfet : il aura sur ceux-ci l'autorité que le Directeur communal exercera sur les employés communaux que lui aura donnés le Maire.

Or, dans la pratique, cette même station va-t-elle avoir deux directeurs, l'un départemental, l'autre communal ?... Ce serait à mon avis la pire des solutions, et un différend ne saurait tarder à s'élever, la fatalité s'en mêlant, pour mettre les deux directeurs au cas d'avoir besoin tous les deux, le même jour, à la même heure, des mêmes appareils et des mêmes employés. Donc il me paraît indiqué que les deux services soient placés sous la même direction. — Mais qui nommera ce Directeur au cas où un accord n'interviendrait pas entre le Maire et la Commission Sanitaire de Circonscription ? Ce n'est ni dans les instructions ministérielles sur la matière, ni dans les précédents de la pratique (et pour cause), ni dans les décisions des tribunaux compétents qu'il faut aller chercher la réponse à cette question, et il me paraît qu'elle ne peut-être résolue qu'à la lumière du bon sens, de la logique et de l'équité.

A qui incombe la plus large part des dépenses dans l'organisation de la station ? qui a eu le soin de cette organisation ? qui en a fourni l'emplacement ? qui a discuté, étudié, décidé la composition de la station ? qui en a choisi les appareils ? qui les a installés, qui les a mis en service ? qui en fait l'usage le plus fréquent ? qui en somme est ici propriétaire et qui locataire ? Ces simples questions un peu terre-à-terre, j'en conviens, tiennent en elles-mêmes leur réponse et la solution du problème. Evidemment les données de ce problème se rapportent à une hypothèse qui ne se réalisera que très rarement et peut-être jamais. — Le Maire de la Ville chef-lieu fera toujours partie de la Commission Sanitaire de Circonscription : c'est dans son sein que sera pris le Délégué Directeur départemental de la station ; l'influence du Maire se manifestera en faisant agréer comme tel celui qu'il voudra accepter lui-même comme Directeur Communal et cela pour le plus grand bien du double service.

En résumé, la création d'une Station de Désinfection, organe important de l'organisation sanitaire communale appartient presque exclusivement au Conseil Municipal, et la part réservée à l'initiative et à l'action propre du

Maire est réduite d'une façon considérable ; on pourrait dire presque que le rôle du Maire est d'exécuter ce que le Conseil Municipal a décidé, celui-ci étant le pouvoir législatif, celui-là le pouvoir exécutif. Il a le devoir de se conformer aux décisions de l'assemblée communale, en ce sens qu'elle lui impose telle organisation, tel personnel, tel crédit. Mais dans ces limites, il a le droit de se mouvoir librement, d'user de son autorité, pour exercer un choix de personnes, pour distribuer les diverses attributions, pour répartir les traitements, et s'il doit se soumettre à la décision de son Conseil, du moins a-t-il le droit de faire front aux volontés de la Commission Sanitaire de Circonscription, dans ce qu'elles auraient de contraire à la sienne propre, au point de vue de la nomination d'un Directeur.

Ce que je viens de dire s'applique au cas le plus ordinaire, celui des départements où existent une ou plusieurs stations règlementaires de désinfection, à côté d'un Bureau d'Hygiène fonctionnant régulièrement dans des agglomérations supérieures à 20.000 âmes.

Mais il y a en France 13 départements ne possédant pas de villes à population égale ou supérieure à 20.000 habitants. Là, pas de Bureau d'Hygiène voulu par la loi, pas de Station de

Désinfection Communale obligatoire. C'est au Préfet seul qu'il appartient de créer un service de Désinfection qui sera exclusivement départemental : il est bien évident que dans ce cas la ville où se trouvera installée la Station de Désinfection n'aura à intervenir en rien dans l'organisation ni dans le fonctionnement de ce service, si ce n'est dans la mesure et aux conditions prévues pour toutes communes rurales desservies à titre départemental par ces postes ou stations de désinfection que nous avons trouvées installées dans les villes à Bureau d'Hygiène.

Pour fixer les idées, je veux prendre l'exemple du département du Cantal qui ne possède aucune ville de 20.000 âmes et aucun Bureau d'Hygiène. Le Service de la désinfection n'en est pas moins installé dans le département : dans un certain nombre de villes, existent des stations de désinfection semblables à celles que j'ai placées tantôt à côté des Bureaux d'Hygiène. Sur l'organisation et le fonctionnement de ces services, le Maire n'a aucune autorité : le Préfet seul a mission de tout organiser et de tout diriger. Mais le Maire de la Ville siège de la station — comme tous les Maires de toutes les communes de France — a droit de se servir de la station de désinfection : c'est pour lui, je veux dire pour sa ville, c'est pour leur ville que celle-ci est créée, et il est bon de rappeler ici aux Maires qu'il n'est pas une Commune en France, à laquelle l'inappréciable bienfait de la désinfection n'ait été assuré par le décret du 10 Juillet 1906. Je dirai comment et à quel prix quand je m'occuperai du fonctionnement de ce service.

*
* *

Voila donc le rôle et le mode d'action réservés à l'autorité du Maire dans l'organisation sanitaire de sa commune : il rédigera un Règlement Sanitaire communal, mais « *après avis du Conseil Municipal* » ; il instituera un Bureau d'Hygiène, mais « *le Conseil Municipal en fixera l'importance du personnel, les allocations, le local, les dépenses, etc.* » ; il nommera le Directeur de ce service, mais « *parmi les candidats reconnus aptes par le Conseil Supérieur d'Hygiène* ». Enfin, sa commune, si elle compte une population de 20.000 habitants ou au-dessus, possédera une Station de Désinfection, mais c'est « *le Conseil Municipal qui, après avis du Directeur du Bureau d'Hygiène, en aura décidé la création* » ; pratiquement, ses droits n'excéderont pas le choix et la nomination du personnel, qui lui est nécessairement réservée parce qu'elle ne peut se faire qu'en vertu d'arrêtés qu'il a seul qualité pour prendre.

Quel que soit donc l'acte par lequel se manifeste son autorité, celle-ci trouve toujours un contrepoids dans une intervention réservée à une autre autorité et qui paraît être un obstacle à son indépendance, qui n'est en réalité qu'un secours et qu'une aide à son inexpérience, qu'un allégement à sa responsabilité.

Des droits
et des devoirs des Maires
en matière de défense et de protection
de la Santé publique

Depuis les travaux de Pasteur, Koch, Chantemesse, Widal, Roux, etc., nous savons que les maladies les plus redoutables et les plus meurtrières à l'homme, sont aussi celles qu'il est le plus facile d'éviter, par l'application des lois d'une sage Hygiène. Mais celle-ci comporte à la fois des mesures défensives et des mesures offensives : pour triompher de l'ennemi qu'est la maladie, l'homme ne doit pas se contenter de se défendre contre elle, encore doit-il l'attaquer ; il se défend par les mesures de prudence, par les procédés de prophylaxie qui combattent directement le germe morbide dont il veut éviter la contagion ; il attaque par des moyens qui l'empêcheront d'éclore et lui feront un terrain sur lequel elle ne pourra se développer.

Telle est la distinction qui me fournit la division de cette deuxième partie :

Titre premier : Droits et devoirs des Maires en matière de prophylaxie contre ces maladies transmissibles ; leur ensemble aboutit aux moyens de défense contre les maladies transmissibles : *déclaration, vaccination et revaccination, désinfection, mesures de prophylaxie générale.*

Titre deuxième : Droits et devoirs des Maires en matière d'assainissement et de salubrité, mesures générales s'appliquant à l'Habitation et à la voie publique ou privée.

TITRE PREMIER

Droits et Devoirs des Maires en matière de prophylaxie contre les maladies transmissibles

C'est le paragraphe I de l'article premier de la loi qui résume et condense l'ensemble des mesures de protection dont l'application fait l'objet du chapitre premier de ce même texte. Elles se ramènent à quatre chefs :

Déclaration, Vaccination, Désinfection, Mesures de Prophylaxie Générale.

CHAPITRE PREMIER

La Déclaration

Après avoir annoncé à l'article 4 de la loi, que la liste des maladies auxquelles seront applicables les mesures de prophylaxie qu'elle prévoit, devra être prochainement dressée *(dans 6 mois)*, l'art. 5 continue ainsi :

« *La déclaration à l'autorité publique de tout cas de l'une des maladies visées à l'article 4 est obligatoire pour tout Docteur en médecine, officier de santé ou sage-femme qui en a constaté l'existence* ».

Le délai de 6 mois annoncé fut sensiblement dépassé, et c'est exactement un an après, que le décret du 10 Février 1903 portait désignation des maladies visées par la loi. Pour les unes, la déclaration était obligatoire; facultative pour les autres.

La première catégorie comprend :

La fièvre typhoïde;
Le typhus exanthématique;
La variole et la varioloïde;
La scarlatine;
La rougeole;
La diphtérie;
La suette miliaire;
Le choléra;
La peste;
La fièvre jaune;
La dysenterie;
L'infection puerpérale et l'ophtalmie des nouveaux-nés;
La méningite cérébro-spinale épidémique.

A la deuxième catégorie appartiennent ;

La tuberculose pulmonaire ;
La coqueluche ;
La grippe ;
La pneumonie et la broncho-pneumonie ;
L'érysipèle ;
Les oreillons ;
La lèpre ;
La teigne ;
La conjonctivite purulente et l'ophtalmie granuleuse.

La déclaration est le pivot de toute la prophylaxie prévue et ordonnée par la loi de 1902. Pour prendre des mesures contre la propagation d'une maladie, encore faut-il savoir tout d'abord que cette maladie existe. Et d'autre part, la déclaration n'a d'intérêt que si elle est suivie de mesures de prophylaxie ; ce qui le démontre c'est que toujours la déclaration est suivie de la désinfection.

C'est donc la loi (article 5) qui fait à tout docteur, officier de santé ou sage femme l'obligation de déclarer.

A qui et comment faut-il déclarer ?

Le décret Ministériel du 10 Février 1903 nous fixe sur ce double point.

Art. 1. — « *L'autorité publique, chargée, aux termes de l'art. 5 du 15 février 1902, de recevoir la déclaration des maladies déterminées en vertu de l'article 4 de la dite loi est représentée par le Maire et le Préfet ou le Sous-préfet.*

Art. 2. — « *La déclaration se fait à l'aide de cartes-lettres détachées d'un carnet à souche qui portent nécessairement la date de la déclaration, l'indication du malade et de l'habitation contaminée; la nature de la maladie désignée par un numéro d'ordre, etc.* »

De ces deux textes, ce qui nous intéresse ici exclusivement, c'est le rôle réservé au Maire qui a la mission de recevoir les déclarations.

Le respect dû au secret professionnel dont les médecins se montrent généralement si jaloux observateurs, a déterminé l'autorité à prévoir et à réglementer un mode de déclaration qui garantit dans la plus large mesure son inviolabilité. La transmission des déclarations qui sous le régime de la loi de 1892 se faisait par une simple carte postale, est assurée depuis 1902 par une lettre fermée d'un caractère et d'une forme toute spéciale.

Ce respect doit être garanti aussi de la part de ceux qui ont mission de recevoir les déclarations, et ces communications, confidentielles par leur nature, conservent ce même caractère

aux mains des représentants de l'autorité, dési-
gnés pour les recevoir, le Maire et le Sous-
préfet ou le Préfet.

Le Maire a donc le droit d'exiger que tout cas
de maladie transmissible qui se produit dans
sa commune lui soit signalé ; mais il a le devoir
de garder le secret absolu sur cette déclaration. Il n'a pas le droit de mettre quiconque
dans la confidence de la déclaration qui lui est
adressée.

La jurisprudence mise en honneur par la
Cour de Cassation a établi que d'une part, les
médecins ne sont relevés de l'obligation du
secret professionnel à l'égard des maladies
transmissibles, que dans la mesure nécessaire
aux communications qu'ils doivent adresser
à l'autorité chargée de protéger la Santé
Publique ; — que d'autre part un Maire n'a pas
le droit de communiquer ces déclarations à un
membre du Conseil Municipal, ni à son Secré-
taire, ni à aucun autre membre du personnel
administratif. (Arrêt du 13 mars 1891). Dans la
pratique les choses se passent à peu près partout de la façon suivante : le Maire ne déca-
chette même pas les lettres de déclaration qui
lui arrivent, et qu'il transmet directement au
Directeur de son Bureau d'Hygiène. Ainsi en
usent aussi Préfets et Sous-préfets avec l'Ins-

pecteur départemental d'Hygiène Publique
qui est au département ce que le Directeur du
Bureau d'Hygiène est à la commune.

Enfin, au point de vue de la déclaration,
une circonstance très spéciale qui se rencontre presque constamment et partout, et qui
détermine le médecin à s'y conformer plus
volontiers, c'est qu'elle s'adresse dans l'immense majorité des cas à un confrère. C'est
ce que disait un des législateurs de 1902, M. le
Docteur Reynier : « *Il faut, disait-il, si l'on veut
que la déclaration des maladies contagieuses
soit acceptable et acceptable par les médecins
et les familles, qu'elle soit faite de médecins à
médecins, et ne sorte pas de cette façon, de l'enceinte professionnelle. Il faut qu'il y ait dans
chaque arrondissement et même dans les gros
bourgs, un bureau sanitaire ayant à sa tête un
médecin qui recevra les déclarations de ses confrères, et s'assurera en causant avec eux, que
les malades sont suffisamment isolés.* »

Ce vœu du Docteur Reynier s'est trouvé
exaucé pour ce qui concerne les Bureaux d'Hygiène, dans l'immense majorité des cas, car,
pour bien d'autres motifs encore, il apparaît
logique et naturel à l'autorité responsable —
malgré que la loi ne lui en fasse pas une obligation — d'appeler à la direction d'un Bureau

d'Hygiène un médecin, plus apte que tout autre par la nature même de ses occupations, à remplir les fonctions attachées au titre.

Les Maires recevront les déclarations leur faisant connaître l'état sanitaire de la commune ; — c'est leur droit — ils les tiendront rigoureusement secrètes et à l'abri de toute indiscrétion ; — c'est leur devoir. — De plus ils devront tenir un registre sur lequel seront inscrits les cas de maladies transmissibles se produisant dans leur commune, et dont ils recevront la déclaration signée d'un praticien. Ils ont le devoir d'exiger de tout médecin, officier de santé ou sage-femme, cette déclaration.

La déclaration sera faite au Maire par le médecin « *dès que celui-ci a établi son diagnostic* » disait la loi de 1892. — « *dès qu'il en a reconnu l'existence* » dit celle de 1902. C'est la même idée sous deux formes différentes.

Lorsqu'un malade est transporté de son domicile dans un hôpital, ou dans un autre établissement, la déclaration doit-être faite, d'abord et dès le jour du transport, à la Mairie du domicile abandonné. Et cela s'explique par les mesures de préservation — désinfection et autres — qui devront être prises dès le départ du malade. Cette déclaration ne fait pas obstacle d'ailleurs, à celle que devra faire le médecin de l'établissement hospitalier ou autre, où le malade a été transporté.

Nous étudierons, à la fin de ce chapitre, quelles sont les mesures de prophylaxie générale que le Maire devra prendre en vertu de la déclaration qui lui est adressée. Il me reste à indiquer ici quelles pénalités le Maire pourra requérir contre le défaut de déclaration.

« *Le Docteur en médecine ou l'officier de santé qui n'auraient pas fait la déclaration prescrite par l'article 15, sera puni d'une amende de 50 à 200 francs (article 21 de la loi du 30 novembre 1892).*

D'autre part il est dit encore :

« *Seront punis d'une amende de 100 à 500 francs, et en cas de récidive, de 500 à 1.000 francs, tous ceux qui auront mis obstacle à l'accomplissement des devoirs des Maires, en ce qui touche à l'exécution de la présente loi.* »

Ainsi donc, un Maire, qui aura connaissance par une voie quelconque, d'un cas de maladie transmissible existant dans la commune, et dont la déclaration ne lui aura pas été faite par le médecin traitant, pourra demander aux tribunaux une sanction contre l'oubli de la loi dont ce dernier s'est rendu coupable. Pratiquement la chose me paraît d'une exécution assez délicate. Comment le Maire saura-t-il que tel malade est atteint de fièvre typhoïde ou de scarlatine ou de variole, si le médecin traitant ne lui en fait pas la déclaration?... Par des ouï-dire?... cela n'est pas suffisant en Justice... Par le diagnostic d'un autre médecin?... Mais il sera assez délicat d'envoyer un médecin incursionner sur le terrain d'un confrère, et aller visiter un de ses malades. Et si la situation officielle de ce deuxième médecin l'autorise ou l'oblige à visiter ce malade, comme c'est le cas d'un Directeur de Bureau d'Hygiène, docteur en médecine, requis par l'autorité, celui-ci s'efforcera sans doute, confraternellement et déontologiquement, et par tous les moyens, d'atténuer la faute du confrère oublieux, qu'il priera de faire sa déclaration ou qu'il couvrira d'une excuse. Enfin, livré à lui-même en face d'une action judiciaire de cette nature, le médecin, qui n'aura pas déclaré, pourra encore se tirer d'affaire, malgré toutes les accusations, celles-ci seraient-elles dirigées contre lui par le Maire, sur les indications précises d'un autre praticien. Au reproche de n'avoir pas fait la déclaration légale d'une scarlatine ou d'une variole, il pourra toujours répondre, en se retranchant derrière une erreur de diagnostic, et s'excuser en disant qu'il avait cru à de l'urticaire ou à toute autre affection

5

éruptive. On pourra le taxer d'ignorance, on ne pourra pas le condamner pour inexécution de la loi.

Au demeurant donc, si le Maire a le droit d'exiger les déclarations, s'il a le devoir de les recevoir et de les enregistrer, de les tenir secrètes, tout en prenant les mesures que comportent les diverses maladies — toutes ces mesures varient avec l'affection elle-même — la sanction mise à son service pour imposer ses droits est presque fictive et de nul effet.

Mais ce n'est pas l'insuffisance des sanctions auxquelles un médecin pourrait être exposé, qui est la cause de l'inobservation générale de la loi parmi le corps médical. A certains qui croiraient pouvoir indiquer comme moyen de la faire accepter, le paiement de chaque déclaration, je répondrais que le procédé me paraîtrait inefficace ; la perspective de la pièce de cent sous, pas plus que la crainte d'une pénalité quelconque, ne détermineront le médecin à faire la déclaration. Le système est mauvais en lui-même, et dès 1905 je demandais personnellement ce que M. Mirman, le distingué Directeur de l'Assistance et de l'Hygiène publique en France, vient de décider, en prenant mission de faire voter par le Parlement une modification au texte législatif de 1902 (art. 5

de la loi), par laquelle la déclaration, qui incombait jusqu'à ce jour au médecin, sera demain une attribution appartenant au père de famille, au chef de la communauté ou à tout autre, sur lequel le Maire et la loi même auront bien plus facilement prise.

Pour conclure je résumerai ainsi tout ce qui peut se dire de la déclaration : elle est le principe fondamental de la loi — elle doit être faite au Préfet ou au Sous-Préfet d'une part, au Maire d'autre part, lequel la doit recevoir et enregistrer ; il devrait en cas de nécessité la provoquer, et poursuivre le médecin qui oublierait de la faire ; mais ses poursuites risqueraient fort d'être sans effet, le médecin trouvant toujours moyen de s'en tirer ; il n'en sera plus ainsi quand la déclaration sera faite par la famille.

CHAPITRE DEUXIÈME

Vaccination et Revaccination

« *La vaccination antivariolique est obligatoire au cours de la première année de la vie, ainsi que la revaccination au cours de la onzième et de la vingt et unième année.*

« *Les parents ou tuteurs sont tenus personnellement à l'exécution de la dite mesure.*

« *Un Règlement d'Administration Publique
rendu après avis de l'Académie de Médecine et du
Comité Consultatif d'Hygiène de France fixera
les mesures nécessaires pour l'application du présent article (art. 6 de la loi du 15 Février 1902.)* »

Les mesures nécessitées par l'application
de l'art. 6 de la loi ont fait l'objet du décret du 27 Juillet 1903 portant Règlement
d'Administration Publique sur la vaccination
et la revaccination, complété et expliqué par
la Circulaire du 7 Août, même année. Dès
l'article 2, le décret spécifie bien qu'il s'agit
d'un service *départemental*; il s'exprime ainsi :
« *dans chaque département le Préfet nomme
les médecins, les sages-femmes et les autres
agents du service de la Vaccine, organisé par le
Conseil Général...* »

Et la Circulaire Ministérielle du 7 Août
ajoute : « *Cette organisation présente un caractère essentiellement départemental ; elle est
réglée par le Conseil Général en exécution de
l'article 20 de la loi. Le Préfet nomme les médecins et autres agents du service ainsi organisé* ».
Et un peu plus loin : « *Le Conseil Général aura
à se prononcer sur le mode de rémunération
des médecins vaccinateurs* ».

L'organisation de ce service échappe donc aux Maires, seule leur en est réservée la partie administrative, la paperasserie, ainsi que je l'ai dit déjà.

Aux termes de l'article 4 du décret, en effet, les Maires ont la charge de faire apposer les affiches indiquant le lieu et la date des opérations de vaccination, qui se font dans sa commune; car c'est par cette voie que les intéressés sont avisés. Puis l'article 5 leur donne mission d'établir les listes des personnes soumises à la vaccination obligatoire. Ils doivent dresser cinq listes différentes :

1º la liste A pour les enfants de 3 mois à un an ;

2º la liste B pour ceux de 10 à 11 ans ;

3º la liste C pour les adultes de 20 à 21 ans ;

4º la liste D pour les enfants de 3 mois à 1 an, et de 10 à 11 ans, non portés à la liste A ni à la liste B pour motifs d'absence, de maladie ou autre ;

5º la liste E pour les vaccinés au delà de 21 ans.

C'est là une besogne de quelque importance dans une grande ville, et un employé municipal y pourra être nécessaire pendant plusieurs heures chaque jour, ou un jour par semaine, ou plusieurs mois dans l'année. J'en reparlerai bientôt à propos de l'organisation matérielle du service qui peut présenter des types divers.

Quel que soit le mode d'organisation du service, qu'il s'agisse de séances annuelles ou bisannuelles dans les villages qui n'ont pas de médecin à domicile fixe, ou de séances mensuelles, hebdomadaires, bi-hebdomadaires ou même quotidiennes, la manière de procéder, dans ses grandes lignes, est constamment la même pour le Maire et aussi pour les médecins, et tous les agents chargés du service : le Maire prévient, d'abord par voie d'affiche, des jours et heures de séances, il dresse les listes des personnes soumises à l'opération, et envoie ces listes au vaccinateur. Puis, la fin de l'année approchant, les listes préparées par le Maire, complétées par le médecin-vaccinateur, sont retournées à la Mairie, avant les derniers jours de Décembre, et assez tôt pour que le Maire puisse, avant le terme de l'année, informer — cette fois par avertissement individuel — tous ceux de ses administrés qui n'ont pas satisfait à l'obligation de la vaccination, qu'un dernier délai leur est imparti, pour produire un certificat attestant qu'ils ont été soumis à l'opération. Cet avis doit être adressé aux pére, mère ou tuteur responsables, car c'est toujours de mineurs qu'il s'agit, que l'enfant soit dans sa première, dans sa onzième ou même dans sa vingt et unième année. C'est encore contre les père, mère ou tuteur, que le Maire fera dresser, à l'expiration du délai imparti par l'avertissement individuel, procès-verbal constatant la contravention à l'article 6 de la loi du 15 Février 1902. Celle-ci est du ressort du Tribunal de simple police.

Au terme de l'année, les cinq listes sont retournées définitivement au Maire, où plutôt les ayant conservées depuis le premier renvoi que lui en a fait le vaccinateur, il les a complétées lui-même ; il doit en faire une copie qu'il enverra au Préfet, l'original restant aux archives municipales.

Voilà en substance quels sont les devoirs des Maires, relativement au service de vaccination et de revaccination obligatoire : ils constituent un travail de bureau long et minutieux.

La Circulaire Ministérielle du 7 Août 1903 les résume admirablement dans cette seule phrase : « *La règlementation nouvelle charge les autorités locales de veiller à la stricte application de ces dispositions; d'exiger la justification des obligations incombant respectivement aux assujettis, à leurs parents ou tuteurs, d'en rendre compte à l'Administration Supérieure, et de provoquer contre ceux qui, dûment avertis, né-*

gligent ou refusent de se conformer à cet avertissement, des pénalités prévues comme sanction. »

Le Maire devra encore veiller à ce que les séances de vaccination et de revaccination aient lieu dans des locaux suffisamment appropriés, spacieux, éclairés, proprement tenus, convenablement chauffés, et n'ayant pas donné asile à des malades. Il est utile que le médecin ait à sa disposition une prise d'eau quelconque pour la propreté des mains, un bec de gaz ou une lampe à alcool pour le flambage des lancettes, un flacon d'éther et un paquet d'ouate hydrophile pour laver et aseptiser la région sur laquelle va être opérée l'inoculation. C'est au Maire qu'il appartient de veiller à ce que toutes ces commodités soient mises au service du médecin vaccinateur.

Le décret du 27 Juillet 1903 crée au Maire une nouvelle obligation; celle-ci du moins me paraît découler du texte même et bien qu'il n'y soit pas question de l'autorité municipale.

« L'étranger qui aura établi sa résidence en France, dit l'article 10, est soumis pour luimême ou pour ses enfants aux prescriptions du présent règlement dans le lieu de sa résidence. »

Arrêtons-nous un moment à ce texte qui a été diversement interprété. C'est en se référant

à cet article 10 du décret de 1903 que certains
Maires ont prétendu imposer à tout étranger
venant résider dans leur commune la vaccination ou la revaccination. J'avoue que, malgré
toute ma bonne volonté, je ne puis arriver à
comprendre dans ce sens le texte de cet article. « *L'étranger est soumis pour lui et pour ses*
enfants aux prescriptions du présent règlement. »
Or, que dit ce règlement? Que tout individu
âgé de 3 mois et au-dessus jusqu'à 1 an, de 10
à 11 ans, de 20 à 21 ans, et certains autres dans
des conditions spéciales, sont obligés de se
faire vacciner. Donc tout étranger qui se trouvera dans sa première, sa onzième ou sa vingt
et unième année sera obligé, lui et ses enfants,
de se soumettre à la vaccination. Et c'est tout.
Voilà ce qui est légal, ce que le Maire a le droit
d'imposer, le texte de la loi en mains.

Il est cependant un certain nombre de villes
du littoral ou d'ailleurs, qui, recevant chaque
année, à certaines époques, une colonie nom-
breuse d'étrangers venus de tous les points de
la terre, sont exposées de ce fait à des menaces d'infections qui se sont manifestées par
de véritables épidémies, dont les premiers cas
avaient été ainsi importés par un membre de
cette colonie. C'est pourquoi, et dans une pru-
dente pensée de sauvegarde et de protection

de la santé publique, les Maires de certaines de
ces stations ont décidé que nul étranger ne
serait admis à faire sa déclaration de séjour
s'il n'est muni d'un certificat de vaccination
récente. Comme conséquence, un service de
vaccination presque quotidien est organisé dans
ces villes, et toute demande d'opération est
gratuitement et favorablement accueillie.

Quelle que soit la valeur de cette mesure, et
si louable que je proclame l'intention du Maire
qui en a ainsi agi, je suis obligé de convenir
que son arrêté, pris dans le sens que je viens
d'indiquer, est illégal et entaché de non valeur.
Un étranger qui se présenterait dans cette ville
et qui ne serait admis à y séjourner qu'autant
qu'il fournirait un certificat de vaccination
récente, pourrait en appeler de cette mesure à
l'autorité préfectorale, qui ne saurait manquer
d'intervenir dans un sens opposé à celui de la
décision du Maire. Français ou étranger, nul
ne peut être soumis en France à l'obligation
de la vaccination ou de la revaccination en
dehors de ces trois périodes de la vie. En ce
qui concerne la venue des étrangers sur notre
territoire, le Maire de la commune où cet étranger aurait fixé sa résidence, serait fondé en droit
à réclamer à celui-ci une attestation comme
quoi il a reçu la vaccination ou la revaccination

à 1 an, à 11 ans ou à 21 ans, suivant son âge, et voilà, à mon avis, comment l'opération pourrait être imposée aux immigrants venus chez nous. Aucun n'est muni évidemment de cette attestation d'une opération qui n'a peut-être pas été faite; il y aurait donc sujet, en se referant au décret de 1903, d'imposer la vaccination à tout individu, non pas parce qu'il est étranger, mais parce que âgé de plus de 1 an, de plus de 11 ans, de plus de 21 ans, il n'a pas été vacciné à ces divers âges. C'est dans ce sens que l'obligation prescrite par le Maire d'une commune française aurait un caractère suffisant de légalité; le vacciné rentrerait dans la catégorie de ceux qui constituent la liste E.

Car en dehors de ces trois périodes de la vie et quel qu'en pût être le motif, le Maire ne peut pas ordonner et imposer la vaccination à ses administrés.

L'article 8 réserve au Président de la République les mesures qui devront être prises, dans tout ou partie du territoire de la République, lorsqu'une épidémie s'y déclare ou s'y développe, et que les moyens de défense locaux sont reconnus insuffisants.

Ainsi, admettons l'hypothèse de quelques cas de variole se produisant dans une agglomération. Il est démontré que les deux tiers de la population n'ont pas été vaccinés depuis un temps immémorial ; mais d'autre part, la statistique de la morbidité, probablement mal connue, n'établit pas que la maladie sévisse à l'état d'épidémie; le Maire pourra inviter ses administrés à se faire vacciner, prendre, par lui-même toutes les mesures qui lui sont permises pour faciliter la plus grande distribution de vaccin et de vaccination ; tous individus de 1 an, 11 ans et 21 ans, français ou étrangers seront recherchés et soumis à l'opération... Mais de 1 an à 11 ans, de 11 à 21 ans, de 21 ans et au-delà, nul ne sera inquiété, et si je prends le chiffre de 40 ans, comme moyenne de la durée de la vie humaine, les trente-sept quarantièmes de la population de cette ville échapperont à son action. Il ne peut rien sur eux, et s'il administre quarante mille citoyens, il en est trente-sept mille, qui ont le droit de se contagionner d'abord, pour contagionner les autres ensuite. Si la maladie, cependant, évolue suivant une forme et avec des caractères qui sont ceux d'une épidémie, (*quel en est le criterium exact et légal?*) alors, mais alors seulement — et ce sera peut-être bien un peu tard, — Monsieur le Président de la République, après avoir pris avis du Comité Consultatif d'Hygiène Publique de France, après avoir constaté que les moyens de défense locaux sont insuffisants, après s'être assuré que l'épidémie est réelle, et ses effets incontestables, interviendra par un décret, pour déterminer les mesures propres à empêcher la propagation de cette maladie, qui aura fait déjà bien des victimes.

C'est là une des erreurs les plus regrettables de la loi. Elle fait songer à cet article du Code Pénal qui autorise toutes les menaces de mort, tous les préparatifs, et qui ne fait intervenir l'autorité policière, qu'après que ces préparatifs et ces menaces ont reçu un *commencement d'exécution!*

Les droits des Maires sont ici trop limités, et quand on songe d'une part à l'inocuité de l'inoculation variolique, d'autre part, au mal dont elle préserve, et encore à l'incurie de certaines gens en présence d'une mesure de prophylaxie de si grande valeur, on ne peut qu'amèrement regretter l'insuffisance des pouvoirs impartis à l'autorité municipale. En cas de menace d'épidémie, il serait justice qu'un arrêté du Maire pût soumettre à la vaccination tout un quartier, voire même toute une commune.

La conclusion qui se dégage naturellement de ce chapitre est que, en regard du service de la vaccination et de la revaccination, service essentiellement départemental, le Maire n'a

guère que des devoirs à remplir, assez compli-
qués du reste, et à l'exclusion presque de tous
droits à exercer. Devoir de fixer, d'accord avec
le médecin vaccinateur nommé par le Préfet,
le nombre, le lieu, la date des séances de vac-
cinations gratuites obligatoires dans sa commune, devoir de porter, par voie d'affiche,
tous les renseignements utiles à la connaissance de ses administrés, devoir de dresser,
pour les fournir à ce praticien, les cinq listes
des personnes soumises à l'opération, d'examiner ces listes quand elles lui sont retournées,
d'en dresser une nouvelle avec les noms des
réfractaires qui n'ont pas répondu à l'appel
qui leur fut adressé par voie d'affiche, devoir
de leur faire tenir un nouvel avertissement,
celui-là individuel; puis au terme du délai qui
coïncidera avec le terme de l'année, de dresser
procès-verbal de contravention contre tous
parents d'enfants âgés de 1 an, 11 ans, ou 21
ans, qui n'ayant répondu à aucun des deux
appels ci-dessus, n'ont pas justifié d'une opération pratiquée par un médecin ou un officier
de santé ou une sage-femme; devoir d'adresser à l'autorité supérieure copie de ces listes;
devoir encore de mettre au service du médecin
vaccinateur un local convenable et toutes faci-
lités permettant des opérations pratiquées avec

toutes garanties de propreté, d'asepsie et toutes chances de succès.

Comme droit, celui d'imposer l'épreuve de la vaccination à tous ses concitoyens et aux étrangers qui viennent se fixer dans sa commune, âgés de 1 an, 11 ans, ou 21 ans.

Cependant, s'il ne peut pas créer ce service, s'il doit accepter l'intervention de l'autorité préfectorale pour la nomination du praticien chargé de ce service, et pour son organisation générale, il peut du moins apporter à son fonctionnement certaines modifications, pour le plus grand bien de ses administrés.

Tout départemental et essentiellement départemental que le fait la loi de 1902, ce service, dans certaines communes où il existait antérieurement à la loi de 1902, était, et je puis encore dire est resté communal dans la pratique, et toléré tel, l'autorité préfectorale n'exerçant que la surveillance et le contrôle.

Cette dérogation à la loi a pu et a dû être acceptée comme mesure transitoire, dans les villes où la loi du 15 Février 1902 a trouvé ce service organisé et fonctionnant à titre municipal. Par égard pour les situations acquises et les services rendus par les médecins, il était juste et équitable de n'apporter à ces organisations que les changements dont le temps ferait son œuvre. C'est, ainsi que, dans certaines villes, le service de la vʀ ːination et de la revaccination n'a été ou nə devra être démunicipalisé que par voie d'extinction ou de démission des titulaires créés par les Maires, avant la loi de 1902. Mais les successeurs de ces titulaires municipaux ne pourront être nommés que par le Préfet, ceci est entendu.

A cette époque, après que le choix du Préfet se sera manifesté, que deviendra le service au point de vue de son fonctionnement? Ne pourra-t-il pas rester ce qu'il était antérieurement, ce que l'avait fait le précédent titulaire, ou encore ce que le voudra purement et simplement le Maire de la commune? Sous une autre forme et pour généraliser le cas, je pose la question de savoir, si après la nomination du titulaire choisi par le Préfet, à qui sera réservé le contrôle du service, il n'appartient pas au Maire d'organiser et de faire fonctionner celui-ci comme il lui plaît, d'accord toutefois avec le médecin vaccinateur? Et je réponds affirmativement, à la condition expresse de l'entente survenue entre lui, le Préfet et le médecin nommé. Cette entente doit, toutefois, reconnaître certaines bases qui sont les suivantes :

La loi et le décret prévoient dans chaque com-

mune « *un certain nombre de séances de vac-*
cination gratuites et des séances de révision des
résultats. » Par ces termes mêmes, il paraît bien
indiqué que les opérations ne sont supposées
qu'à certaines dates, qu'à certaines échéances,
plus ou moins éloignées les unes des autres,
deux, trois fois par an, par exemple, à chaque
changement de saison, ou encore une fois tous
les deux mois, peu importe. Or, certaines villes peuvent se trouver dans des conditions
telles, qu'un service de vaccination ainsi entendu
soit insuffisant, et une organisation peut y devenir nécessaire, prévoyant soit accidentellement,
soit d'une façon continue et ordinaire, des séances, beaucoup plus fréquentes : hebdomadaires,
bi-hebdomadaires, quotidiennes peut-être.

Ce serait le cas d'une ville où sévirait un
commencement d'épidémie de variole, ou encore d'une agglomération voisine d'une autre où
la maladie se serait installée et ferait dès ravages ;
ce peut être enfin le cas d'une de ces villes
dont je parlais tantôt, et où le Maire soucieux
de toute mesure de sauvegarde et de protection
de la santé de ses administrés, fermerait la
porte de sa cité à tout étranger ne justifiant
pas d'une opération récente.

J'ai dit ce qu'il faut penser de la légalité
d'un arrêté pris dans ce sens: mais au demeu-

rant l'intention étant bonne et le but poursuivi éminemment louable, il n'appartiendrait à
personne de s'en plaindre, si un Maire croyait
devoir en décider ainsi, dans une intention de
défense et de sauvegarde. Comme corollaire, il
devrait alors organiser un service de vaccination très intense et presque quotidien.

Or, ce ne sont pas là les conditions pré-
-vues par l'organisation départementale de ce
service, et quand il est parlé, dans les affiches que prépare et distribue la Préfecture, de
séances de vaccination, de séances de révision, il
est bien clair que celles-ci ne sont pas supposées d'une telle fréquence, ni en pareil nombre.
Et cependant, il appartient certainement au
Maire d'accord avec la préfecture, de créer un
service ainsi compris de vaccination et de revaccination, en recourant à l'opérateur départemental. A ce prix, et dans ces conditions, un
Maire aura toujours le droit de compléter,
d'étendre, de multiplier en quelque sorte le service préfectoral, dans les circonstances acciden-
telles ou normales que j'ai prévues. Il est bien
entendu dans ce cas, que ce service, ainsi devenu
municipal dans l'application, devra être rému-
néré par un crédit inscrit au budget communal,
sans préjudice pour l'indemnité départementale
accordée au vaccinateur officiel.

En retour de ce droit qui ne peut être discuté au Maire, j'estime que le devoir lui incombe
de procéder pour ces séances supplémentaires,
comme il le doit faire pour des séances ordinaires : les listes statistiques devront donc
faire mention indistinctement des opérations
pratiquées dans les unes comme dans les autres. L'ensemble du service n'en sera pas sensiblement compliqué, et le fait de n'avoir à
s'adresser qu'à un seul praticien simplifie déjà
les choses d'une façon considérable (1).

N'oublions pas du reste, en ce qui concerne
les sujets à vacciner, qu'il ne peut jamais s'agir
comme mesure obligatoire pouvant être imposée par une autorité quelle qu'elle soit, que
de ceux visés par le décret, et que seuls peuvent
être atteints ceux qui sont âgés de 1 an, 11 ans,
21 ans; pour tous autres on pourra créer des
services gratuits, jamais obligatoires.

Voilà donc les droits que l'autorité municipale peut revendiquer : ils ont leur similaire en
matière d'assistance médicale gratuite (2). En

(1) Une solution qui rappelle celle que je viens d'indiquer intervint
dans le courant de l'année 1907 entre le Maire de Verdun et son Préfet,
solution dictée et voulue par M. le Ministre de l'Intérieur.

(2) Il est permis d'affirmer qu'il en est du service de la vaccination,
départemental dans le principe comme de l'assistance médicale gratuite
que la loi de 1892 institue aussi en service départemental : mais l'article 35 de cette loi laisse aux communes qui veulent et peuvent se suf-
fire, le droit d'organiser un service d'assistance autonome sous le
contrôle du Préfet. Dans la pratique il en peut être ainsi du service de

fait, ils ont une certaine étendue et une importance considérable, et je les mets au nombre
de ces privilèges que, sans y paraître, la loi
de 1902, attribue aux Maires ; ajoutés à beaucoup d'autres, ils contribuent à constituer ce
faisceau de manifestations d'autorité, dont j'ai
déjà dit que le pouvoir municipal avait été
augmenté et agrandi, par la législation nouvelle.

CHAPITRE TROISIÈME

Désinfection

« *Les mesures de désinfection sont mises en
exécution dans les villes de 20.000 habitants et
au-dessus, par les soins de l'autorité municipale,
suivant des arrêtés du Maire, approuvés par le
Préfet; et dans les communes de moins de
20.000 habitants par les soins d'un service
départemental* » (art. 7, paragraphe 2 de la loi
du 15 Février 1902).

J'ai étudié dans un précédent chapitre, à
propos des droits des Maires en matière d'orga-

la vaccination, que tout Maire peut organiser municipalement, sans rien
demander à l'autorité préfectorale si ce n'est la nomination du médecin
vaccinateur.que le Maire acceptera Je prétends qu'il ne saurait être
contredit à cette pratique par aucune intervention de l'autorité à aucun
degré

nisation sanitaire, le rôle qui leur est réservé, dans la création de la station de désinfection ; c'est ici du fonctionnement qu'il me faut traiter, et je serai ainsi amené à dire, de la pratique de ce service, ce que j'ai volontairement omis précédemment.

Cette étude ne constitue donc pas une redite, une répétition de ce que j'ai exposé plus haut ; c'est d'un point de vue tout différent et pour arriver à des conclusions tout autres que je reprends la question de la désinfection.

J'ai essayé de dire ce que doit être la station communale, laquelle sera destinée à devenir en quelque sorte et à certaines conditions, station départementale ; comment il faut comprendre sa composition, et la part d'intervention réservée à l'autorité municipale et à l'autorité départementale. Il ne s'agit plus d'organiser, et supposant maintenant la station prête à fonctionner, il me reste à dire comment et dans quelles conditions.

Un premier point à fixer est celui de savoir quels sont les droits et les devoirs du Maire, en regard des droits et des devoirs du Préfet ?... Car le texte même que je cite ci-dessus, prévoit une double solution, un double fonctionnement par cela seul que dans les villes de 20.000 habitants, il suppose un service municipal, mis en œuvre par *des arrêtés du Maire*, tandis que dans les commuues de moins de 20.000 habitants c'est le département qui intervient.

Dans un cas comme dans l'autre, le Maire a pourtant un rôle important à tenir, et bien que sensiblement différent dans chaque cas, suivant qu'il s'agisse d'une cité importante, ou d'une petite bourgade, partout et toujours le fonctionnement lui-même du service de la désinfection prévoit une part d'action réservée au Maire. Etudions-la, ici et là, à la ville et à la campagne, service communal et service départemental.

I. — *La désinfection*
dans les Villes de 20.000 habitants et au-dessus

Service Communal

Une première remarque s'impose tout d'abord qui s'appliquera également au service Communal et au service Départemental. De même qu'à propos de la vaccination ou de la revaccination, et bien que l'organisation légale suppose un ou plusieurs opérateurs, auxquels on peut recourir dans les conditions que j'ai indiquées, tout médecin, officier de santé ou sage-femme, peut au même titre donner la vaccination ; de même aussi, et bien que toutes les grandes villes soient dans l'obligation de posséder une station de désinfection, l'existence de celle-ci n'implique en rien pour les habitants, l'obligation de recourir à elle, à l'exclusion des entreprises privées. Il faut que tout individu de 1 an, 11 ans et 21 ans soit vacciné ; mais s'il a un médecin, s'il ne veut se fier et se confier qu'à celui-ci, libre à lui, le jour où il est convoqué pour subir l'opération, de présenter une attestation de ce médecin auquel il aura eu recours ; il aura par là même satisfait à la loi, au même titre que celui qui s'est adressé au vaccinateur officiel. De même, dans certains cas où une désinfection s'impose soit de linges, soit de mobiliers, soit de l'immeuble habité, à ceux qui ne savent où s'adresser, qui laissent faire sans refuser aucune intervention, mais sans en demander aucune, l'organisation Communale ou Départementale vient rappeler leurs devoirs et les lui faire remplir ; mais ailleurs, là où les préférences motivées, ou non, et qui d'ailleurs n'ont pas à être justifiées aux yeux de l'autorité, vont à un service privé, à une industrie particulière, laboratoire, officine, établissements spéciaux, peu importe, pour leur demander l'opération légalement imposée, il est satisfait à toutes les obligations par cela seul que cette opération a été exécutée par ce service privé, dans les conditions que je vais indiquer.

Il ne doit être fait usage que de l'un des procédés connus et approuvés par le Conseil Supérieur d'Hygiène, et d'autre part l'opération doit être soumise au contrôle d'un Inspecteur d'Hygiène assermenté, lequel délivrera s'il y a lieu, le certificat de désinfection.

Donc, à la ville comme à la campagne, la désinfection doit toujours se faire dans les mêmes conditions, c'est-à-dire avec certains appareils et sous l'œil de l'Inspecteur d'Hygiène qui certifiera.

En ce qui concerne la désinfection dans les grandes villes, les devoirs du Maire sont indiqués par le texte de l'article 10 du décret du 10 Juillet 1906, qui stipule que le Maire doit aviser d'urgence celui qui est chargé du service de la désinfection, directeur, ou chef de poste.

Il importe ici, pour l'intelligence de ce que j'aurai à dire plus tard, d'exposer aussi rapidement et aussi succinctement que possible, le mode de constitution d'un service communal de la désinfection. Celui-ci évidemment peut et doit varier de pays à pays, de commune à commune, suivant le chiffre, l'état et le caractère même de sa population : ce que l'on peut dire de toute station de désinfection, c'est qu'il lui faut un double procédé de désinfection, en surface et en profondeur. — Le premier nécessitera tout au plus un de ces petits appareils portatifs, marmitte de Trillat, trépied du Fumigator, appareil Lingner, etc.; le second prévoit l'acquisition et l'installation d'appareils volumineux et délicats, étuve, bacs, essoreuse et lessiveuse, etc., un local spécialement aménagé, des véhicules, un personnel instruit et dressé, etc.

L'art. 1 du décret du 10 Juillet 1906 s'exprime ainsi :

« *Dans les villes de 20.000 habitants et au dessus, le Conseil Municipal, après avis du Directeur du Bureau d'Hygiène, décide la création d'un ou de plusieurs postes de désinfection, et détermine la composition et la rétribution du personnel. Il vote les crédits nécessaires à l'acquisition et à l'entretien du matériel et au fonctionnement du service* ».

Ceci concerne l'organisation, et j'ai déjà fait remarquer combien le rôle du Maire y était effacé, toute la besogne étant attribuée au Conseil Municipal qui agira, après avis du Directeur du Bureau d'Hygiène.

Mais par contre, lorsqu'il s'agit du fonction-

6

nement, l'intervention effective et active du Maire devient nécessaire et l'article 10 en fixe l'étendue et le caractère. Pratiquement le Maire qui aura reçu la demande de désinfection adressée par le médecin du malade, la communiquera au Directeur du Bureau d'Hygiène, chef du service de la désinfection. C'est celui-ci qui s'acquittera de toute la besogne attribuée au Maire qui légalement en a cependant la responsabilité. Le Directeur du Bureau d'Hygiène, au nom du Maire et en son lieu et place, remplira donc toutes les obligations qui incombent à ce dernier et par lui-même ou par un de ses inspecteurs, il expliquera aux intéressés, je veux dire à la famille où se trouve le malade, qu'elle doit assurer la désinfection, soit par elle-même, soit en recourant au service public.

Dans le dernier cas le Directeur du Bureau d'Hygiène, d'accord avec son chef de poste, ou son délégué à la désinfection, ordonnera et organisera un service de surveillance effective et de fréquentes visites pendant la maladie, puis l'exécution des mesures réglementaires de désinfection des locaux, au terme de celle-ci.

Dans le premier cas au contraire, la famille aura dû signer sur le modèle ministériel, les engagements qu'il est utile de lui faire prendre et parmi eux, la promesse d'accepter toute visite et tout contrôle du service compétent, pendant le cours de la maladie, spécialement la désinfection pendant et après.

En somme, dans les villes où existe un Bureau d'Hygiène, le rôle du Maire est réduit à peu de chose, en ce qui touche au fonctionnement du service de la désinfection, en dehors de la part de responsabilité qui lui incombe toujours, et si on ne considère que ses interventions personnelles et effectives.

Dans les petites agglomérations où il est en quelque sorte par lui-même Directeur de tous services sanitaires, son rôle est plus effectif et plus personnel.

II. — La désinfection
dans les Villes de moins de 20.000 habitants

Service départemental

Depuis la loi du 15 Février 1902, chaque département est divisé en un certain nombre de Circonscriptions Sanitaires qui ont remplacé les anciens conseils cantonaux. L'article 5 du décret du 10 Juillet 1906 ordonne qu'il existera au moins un poste de désinfection par Circonscription Sanitaire.

Si une grande ville et un Bureau d'Hygiène

se trouvent compris dans les limites de cette
Circonscription Sanitaire, et par suite, une
station de désinfection municipale (nous avons
vu qu'il en existe toujours une à côté d'un
Bureau d'Hygiène), c'est celle-ci, par une
entente entre l'autorité départementale et l'autorité communale, qui pourvoiera au double
service départemental et communal. Si au
contraire, il n'existe dans la Circonscription
Sanitaire, aucune agglomération de 20.000
âmes, ni aucune station de désinfection, le
service de la désinfection sera organisé et
fonctionnera uniquement à titre départemental.
En théorie, le rôle du Maire est le même ici
que ce qu'il a été dans les grandes villes. Mais
en pratique, et de fait dans les villes de
20.000 habitants, le Maire s'en rapporte à son
Directeur de Bureau d'Hygiène de l'exécution
de toutes les mesures légales de désinfection et
des autres. Ici son rôle est plus actif et plus
personnel, car il ne peut compter que sur lui-
même; c'est donc lui qui préviendra la famille
des mesures devenues nécessaires et de la faculté
qui leur est laissée d'opérer par elle-même ou
par l'intermédiaire du service départemental.
Mais ici, et surtout si la famille a voulu se
réserver le droit d'exécuter elle-même les
prescriptions du Réglement Sanitaire, il devra

exercer une surveillance active autour du malade. Car la famille s'est engagée à le préve- nir de tout événement; transport, guérison, sortie, décès du malade, le Maire doit être tenu au courant de tout, et dans chacun de ces cas, il avisera le délégué de la Commission Sanitaire de Circonscription. Si le malade manque de parents, c'est le Maire qui lui en tiendra lieu (art. 16) au moment de la désin- fection du local, pour veiller à ce que rien des objets y contenus ne soit détourné ou détérioré. Si la méthode de désinfection employée par la famille paraît insuffisante dans ses résultats, il appartient au Maire de prescrire immédiatement l'exécution de mesu- res utiles, par le service public départemental ou communal. Enfin, s'il paraît démontré qu'aucun procédé de désinfection ne pourra suffisamment aseptiser certains objets mobi- liers, linges, literie, etc... ou encore si ces objets sont de si mince valeur qu'ils ne compor- tent pas les frais d'une opération, le Maire, après que le chef de poste de la désinfection, en aura dressé un état descriptif et estimatif, en ordonnera la destruction par le feu ou tout autre moyen, et toute réclamation de ce chef, produite par les intéressés, sera portée devant l'autorité préfectorale qui statuera, si un accord préalable n'a pu être établi entre le Maire et les intéressés.

Qu'il s'agisse d'un service départemental ou d'un service communal, il est pourvu aux frais de désinfection, par des taxes de remboursement établis proportionnellement à la valeur locative de tout l'appartement dont dépend la pièce occupée par le malade. C'est par l'entremise du receveur municipal que sont perçues ces taxes qui feront l'objet d'états spéciaux et figureront au budget communal.

Telle est la réglementation de cet important service de la désinfection. Dans la petite ville, elle réserve à l'action du Maire une part assez large, et son intervention est indispensable au fonctionnement du service : le délégué de la Commission Sanitaire qui doit veiller à la marche de ce service, ne peut en effet s'acquitter de son rôle qu'autant qu'il y est aidé par les Maires des communes sur lesquelles il a mission de direction et de contrôle; ce sont eux qui le doivent informer de tout ce qui se produit au point de vue morbidité, dans ces agglomérations au centre desquelles il se trouve ; de même il appartient aux Maires de faire exécuter les mesures qu'ordonne le Règlement Sanitaire ou que prescrirait accidentellement ce délégué.

Telle qu'elle est, cette réglementation nous offre encore un exemple — nous en rencontrons à chaque pas — de l'extension des pouvoirs donnés aux Maires par la loi de 1902. J'ai dit quelque part comment un tribunal, sous la législation ancienne, avait condamné un Maire qui avait ordonné une désinfection au formol comme mesure d'assainissement, dans un local ayant abrité des varioleux, alors que le propriétaire de ce local ayant ouï dire que le soufre était un désinfectant, y avait brûlé dix boîtes d'allumettes à 0 05 centimes. Cette farce grotesque avait paru au tribunal mériter le nom de désinfection, et le Maire — cela se passait dans les environs de Lyon — qui avait cru pouvoir indiquer à son administré un moyen plus sûr et plus efficace de désinfection, s'entendit condamner, en vertu de ce principe de jurisprudence, qu'il est permis à l'autorité d'ordonner toutes mesures de précautions à prendre pour sauvegarder la santé publique, mais qu'il lui est absolument interdit d'indiquer les moyens à employer pour les réaliser. Cette jurisprudence fut en honneur avant 1902 ; elle est devenue impossible aujourd'hui, grâce aux prescriptions de la loi actuelle qui, en ordonnant au Maire de faire un Règlement Sanitaire, l'autorise en fait, à rédiger un véritable code sanitaire, qu'il fera ensuite observer, étant à la fois pouvoir législatif et pouvoir exécutif.

N'aurait-elle produit d'autres résultats, la loi de 1902, en permettant aux Maires de réglementer la désinfection, a rendu aux populations un immense service, et c'est là un des articles de la loi, le plus fécond en heureux résultats.

Chapitre IV

Mesures Générales de Prophylaxie

Vacciner toute une population pour la mettre en garde contre une épidémie de variole, déclarer à l'autorité tous cas de maladies transmissibles, se produisant dans une commune, faire suivre cette déclaration d'une désinfection, voilà incontestablement un ensemble de mesures de protection et de sauvegarde, dont doit fatalement bénéficier la santé publique.

A chacune d'elles, j'ai consacré un chapitre, indiquant par là en quelle haute valeur il les faut tenir. Mais à elles seules, elles ne constituent pas tout un régime de prophylaxie, et il en est d'autres qui, pour être de moindre importance, ne sauraient cependant être négligées, sans rendre illusoire l'organisation d'un service de préservation contre la transmission des maladies contagieuses.

Je vais les passer en revue, pour terminer cette étude des droits et des devoirs des Maires relativement au régime de prophylaxie et de mesures de protection qui doit exister dans toute commune.

Le Maire d'une commune est informé par une déclaration, que tel cas de maladie transmissible vient de se produire. Va-t-il attendre l'issue de cette maladie pour intervenir et ordonner la désinfection ?... Evidemment non, puisque j'ai dit que la désinfection doit être pratiquée au cours même de la maladie. Je n'y reviendrai pas; mais en même temps et parallèlement à la désinfection, il est d'autres mesures qui doivent être prises de toute rigueur, comme par exemple l'isolement du malade. De plus, la défense de la santé publique ne s'entend pas seulement des moyens de garer et de défendre ceux qui sont bien portants contre les dangers que constituent ceux qui sont malades. La santé publique peut être menacée encore par un grand nombre d'autres causes qui naissent soit de l'alimentation, soit de certains voisinages, soit du milieu, de l'ambiance, soit de telles pratiques condamnées par les lois de l'hygiène et qu'il appartient au Maire d'interdire rigoureusement.

Parlons d'abord de la contagion.

Tout malade contagieux doit pendant toute la durée de sa maladie, et même pendant la convalescence pour certaines affections erruptives, être soumis à l'isolement le plus complet.

Je touche ici à un des problèmes d'hygiène les plus difficiles à résoudre dans la pratique. Où commence l'isolement et où finit-il ?... Un enfant est soigné par sa mère, qui seule l'approche, qui s'éloigne des autres membres de la famille, ne mange pas avec eux, couche dans une chambre à part, mais passe fatalement dans les pièces communes, vestibules, corridors, salle à manger, cuisine, etc... Une garde passe ses journées et ses nuits dans la chambre d'un malade ; elle y prend ses repas et son repos, elle n'emprunte à l'habitation commune que les vestibules, l'escalier, la cour de la maison ou son jardin... l'isolement est-il réalisé ?... Et à ce compte quel est le médecin qui peut pratiquer l'isolement pour lui-même quelles que soient d'ailleurs les mesures qu'il prendra dans ce sens ?...

A mon avis, l'isolement sûr et complet n'est
possible que dans un service hospitalier (1) ; à
domicile, le malade ne peut être isolé que relativement. Dans ce but, la personne qui remplit
auprès de lui les fonctions de garde-malade
peut être consignée dans la chambre ; le médecin doit être invité à ne l'approcher, que
revêtu d'une blouse suspendue derrière la porte
de la chambre. Surtout, il peut être ordonné
que le malade ne soit pas en contact avec des
personnes qui, par leur profession, sont en
rapport constant avec le public : un boulanger,
un boucher, un épicier, tout vendeur d'objets
comestibles, au cas où une maladie contagieuse
vient à sévir chez lui, doit opter entre la chambre du malade ou son magasin ; mais l'un ou
l'autre doit lui être formellement interdit.

C'est au Maire qu'il appartient de prescrire
ces mesures d'isolement ; elles seront l'objet
d'un article de son Règlement Sanitaire et il
aura mission de veiller à leur exécution. Son
rôle, ici, est particulièrement délicat.

Condamner une mère, — fût-elle épicière, ou
marchande des quatre-saisons — à ne pas voir
son fils malade, derrière une cloison, c'est
évidemment un résultat qui sera bien rarement

(1) En Angleterre, le Maire a le droit d'ordonner le transport d'un
contagieux à l'hôpital.

atteint. Et cependant en cette matière le droit du Maire est aussi absolu que son devoir. Cet intermédiaire entre le malade et le public, qu'est la mère du malade, ce véhicule involontaire mais certain qu'elle se constitue, est un des plus grands dangers de propagation. Malheureusement le Maire ne peut pas ordonner la seule mesure qui donnerait un résultat immédiat, complet, le transport du malade à l'hôpital. Admise en Angleterre et en Allemagne, cette pratique a paru inconciliable avec les principes de liberté et d'indépendance qui font la trame de notre législation, et ici la loi n'a pas élargi l'étendue des pouvoirs municipaux ; après comme avant la loi de 1902, les Maires doivent s'avouer désarmés, au nom de cette liberté individuelle qui est un des fondements de notre Code civil.

Ce n'est pas à dire cependant qu'ils ne puissent, ni qu'ils ne doivent rien faire dans cette voie. L'isolement des malades est une mesure de prophylaxie qui est prévue dans tous les Règlements Sanitaires Communaux ; or, il est incontestable, que si l'article de ce règlement est bien fait, si notamment le cas est prévu d'un magasinier logeant un malade dans le voisinage immédiat de sa boutique, et se transformant en infirmier, le Maire pourra de cet article, tirer profit au bénéfice de la santé de ses administrés. Connaissant l'existence de la maladie par la déclaration qu'il en a reçue, ayant, par un article de son Règlement Sanitaire le droit de pénétrer jusqu'au malade, soit par lui-même, soit par l'intermédiaire de ses Inspecteurs d'Hygiène qui le tiendront au courant, ayant par dessus tout le devoir de veiller à l'isolement du malade, il apprendra fatalement que la même personne qui se montre chaque jour à son comptoir a été trouvée au chevet de ce malade et lui donnant ses soins. Sans hésiter, il donnera mission à ses Inspecteurs assermentés de dresser procès-verbal, et il appellera en justice de paix la délinquante, contre laquelle il s'efforcera d'obtenir une condamnation, sur laquelle il ne faut pas compter absolument, car, ne l'oublions pas, il faudra toujours tabler avec ce que les irrévérencieux appellent les *chinoiseries* de la Justice.

Car la loi de 1902 et ses commentaires prévoient bien qu'un malade contagieux doit être isolé, mais aucun texte ne donne de cet isolement une explication et une définition légales, de sorte que rien ne nous met à l'abri d'une interprétation inattendue, que pourrait donner un tribunal, si le Maire n'a pris soin dans son Règlement de fixer les idées et de définir l'isolement.

Ici comme pour la désinfection, son droit de déterminer ce que sera l'isolement et d'en fixer les conditions d'application et d'existence, ne me paraît pas contestable. Il lui appartient dans son Règlement de dire ce que doit être cet isolement et comment il l'entend, où il commence et quel est l'ensemble des mesures qui le doivent constituer. Malheureusement il sera moins facile d'obtenir, de rendre possible l'exécution de ces mesures, que de les prévoir ou de les ordonner. Il est bien possible d'isoler un malade à l'extrémité d'un hôtel ou d'une vaste maison bourgeoise, mais dans le logement ouvrier où deux pièces servent à tous les besoins d'une famille, le problème de l'isolement ne se pose même pas, et malgré que théoriquement les droits du Maire soient absolus, jusques et non compris le transport du malade à l'hôpital. Pratiquement l'autorité municipale sera souvent impuissante du fait même de l'impossibilité d'exécuter ce qu'elle aura prévu et ordonné.

L'isolement est une des mesures que la loi de 1902 obtiendra bien rarement, et le respect de la liberté individuelle est en plus d'un endroit pratiquement inconciliable avec l'obligation de défendre et de sauvegarder la santé

publique, dès qu'on oublie la définition vraie
de cette liberté et si l'on cherche à l'interpréter
autrement que comme le droit de faire ce que
l'on veut, « *sans nuire à autrui* ».

Dans les chapitres suivants nous verrons
comment et dans quelles circonstances devra
se produire l'intervention du Maire en matière
de prophylaxie, ressortissant à la salubrité de
l'habitation, ou à l'assainissement des voies
publiques ou privées. Cette étude fera l'objet de
deux chapitres différents, où j'examinerai tout
au long, l'hygiène de l'habitation et l'hygiène de
la rue. Mais à côté de cette étude spéciale, il
faut dire un mot de ces mesures générales qui,
dans toute ville où la santé publique est au
rang des préoccupations municipales, avaient
fait l'objet d'arrêtés spéciaux, avant même que
la loi de 1902 ne proclamât la nécessité d'un
code communal de salubrité.

La défense de jeter tous objets propres ou
sales par les fenêtres ou par les cages d'escalier,
de déposer des ordures sur les voies publiques,
d'exposer aux fenêtres des linges ou tapis, la
manière de transporter les linges sales, et la
défense de se servir à cet effet de voitures
publiques, l'interdiction de l'épandage des
matières fécales dans un rayon déterminé, etc.,

ont été sans doute, l'objet de divers articles du
Règlement Sanitaire, après qu'ils eurent provoqué des décisions municipales antérieures à
celui-ci. En pareille matière, les droits des
Maires ne me paraissent pas avoir jamais été
discutés ; c'est contre ces règles de salubrité
que les Inspecteurs d'Hygiène trouvent le plus
d'occasions de constater des infractions, par la
voie de procès-verbaux, et comme il s'agit de
faits patents, indiscutables, ces procès-verbaux
qui, en dernière analyse ne sont autre chose
que l'affirmation des droits des Maires, ressortissent généralement à effet; en sorte qu'ici on
peut dire vraiment que les Maires sont les officiers sanitaires de leur commune.

Il en est de même des mesures ordonnées à
propos de la surveillance à accorder au com-
merce et à la vente des denrées alimentaires, et
en général de tout objet comestible. L'obligation de soumettre à la visite du vétérinaire
sanitaire, toute viande destinée à la consom-
mation, le droit accordé aux Inspecteurs sanitaires de faire détruire tous légumes, fruits, et
objets comestibles quelconques qui seraient
jugés avariés ou dangereux pour la santé,
l'interdiction d'affecter au logement de nuit tout
local servant à l'exposition de denrées alimentaires, enfin la défense d'élever dans l'enceinte

de la ville tous animaux tels que porcs, lapins, poules, chèvres, etc., tout cela constitue un ensemble de mesures sanitaires que le Maire a le droit et le devoir de prescrire et à l'exécution desquelles il déléguera ses inspecteurs du Bureau d'Hygiène. — Aucune autorité ne devrait mettre obstacle à la ferme volonté d'un Maire décidé à exiger la stricte exécution de toutes ces règles ; et cependant il n'est pas de ville peut-être où il n'y soit fait des brèches journalières qui demeurent ignorées. — Et peut-être est-ce le cas de rappeler ici une opinion, d'après laquelle il ne sera fait en France, de l'Hygiène utile et féconde en résultats, que du jour où ces droits et ces devoirs qui appartiennent aux Maires — pouvoir élu — auront été confiés à une autorité plus indépendante et qui, moins paternelle, sera plus rigoureuse et plus vigilante à faire respecter la loi. Je ne discute pas cette affirmation de quelques hygiénistes ; mais m'en tenant aux constatations de ce qui est, je me contente de penser que le devoir des Maires est actuellement, en matière d'Hygiène, de ne s'inspirer que des prescriptions de la loi, et de se condamner à faire le bien malgré ceux à qui ils le font, et quelquefois contre ceux à qui ils le font.

TITRE DEUXIEME

Mesures générales de salubrité et d'assainissement urbain

J'ai étudié jusqu'à maintenant les mesures de défense et de protection de la santé publique, à prendre contre la transmission de certaines maladies ; ou encore quelques précautions générales contre certains dangers possibles, provenant de tels voisinages, ou de telles pratiques contraires à toutes les règles de l'Hygiène. Il est d'autres dangers, bien plus graves et bien plus fréquents, parce que plus ignorés et excitant moins la méfiance de ceux qui s'y exposent. Ce sont ceux qui proviennent de l'habitation. Je ne ferai que les indiquer ici, me réservant de les étudier tout au long, dans la troisième partie de cet ouvrage. Enfin, pour finir cet exposé des mesures de protection de la santé publique, il me reste à parler de celles qui sont inspirées par les dangers pouvant provenir de la mauvaise tenue des voies publiques ou privées.

Chapitre I

Salubrité et assainissement de l'habitation

Le permis de construire, les conditions de salubrité d'un logement, aération, exposition, volume d'air, éclairage, etc., son alimentation en eau potable, le mode d'évacuation des eaux pluviales et des eaux usées, etc., constituent l'ensemble des mesures de salubrité et d'assainissement de l'habitation, qu'il appartient au Maire d'ordonner et de faire exécuter.

Il me paraît indiqué de renvoyer la discussion et l'étude à laquelle donnera lieu cette réglementation, à la troisième et dernière partie de cet ouvrage que je consacrerai toute entière à la question si importante de la salubrité de l'habitation.

Chapitre II

Mesures générales de salubrité et d'assainissement de la voie publique ou privée.

En dehors des généralités de l'article 1er, paragraphe 2, la loi sanitaire est d'un mutisme absolu à l'endroit des voies publiques ou privées. Leur salubrité et leur assainissement ne semblent pas avoir préoccupé le législateur, et pour rencontrer un texte permettant une intervention de l'autorité municipale il faut recourir aux termes un peu vagues des articles 9 et 18 qui traitent, l'un, des travaux d'assainissement en général, dans lesquels on peut faire entrer ceux relatifs à l'assainissement des voies publiques ou privées, et l'autre, des moyens offerts à la commune pour arriver à l'exécution des travaux une fois reconnus indispensables.

Cependant, et à juste titre, la Circulaire Ministérielle du 23 Mars 1906, range parmi les attributions obligatoires des Bureaux d'Hygiène, l'assainissement général de la localité et de la voie publique; mais dans les commentaires qui suivent, le document Ministériel ne donne aucune explication et s'abstient de toute instruction sur ce point.

Il n'est pas jusqu'aux Règlements Sanitaires modèles, publiés en annexes de la Circulaire Ministérielle, qui ne soient absolument muets sur la question des voies publiques et privées. De sorte que toute la réglementation qui pourra en être donnée, devra s'inspirer du seul paragraphe 2 de l'article 1er de la loi. « *Le Maire est tenu de déterminer, après avis du Conseil Municipal et sous forme d'arrêté, les prescriptions*

*destinées à assurer la salubrité des voies pri-
vées, closes ou non à leur extrémité !... »*

C'est donc par un chapitre spécial du Règlement Sanitaire Communal, que le Maire devra
indiquer la façon dont il entend user de ses
droits et remplir ses devoirs, en matière de salubrité et d'assainissement de la voie publique,
et tout ce que j'ai dit à propos de la manière
de rédiger ce Règlement et du rôle réservé au
Maire dans cette rédaction, est applicable à la
question qui nous occupe ici.

Je n'aurai garde d'omettre la constatation,
qu'une fois encore les droits des maires s'en
trouvent considérablement agrandis et élargis
sur ce point, malgré le silence de la loi.

Antérieurement en effet, et en vertu des
textes législatifs de 1881-1884-1898, le Maire
avait mission de veiller à la propreté, à la
tranquillité et à la salubrité de la voie publique. Mais, comme le disait si justement le
rapporteur de la loi du 15 Février 1902,
l'honorable M. Borne à la tribune du Sénat :
« Tous les droits conférés aux Maires par la
loi de 1884, sont frappés de restrictions, et deviennent la plupart du temps, inefficaces ou illusoires. » Les Jugements et les arrêts de la justice à
tous ses degrés, se chargeaient de donner largement raison aux paroles du rapporteur : qu'un

Máire osât prendre un arrêté en matière de salubrité de la voie publique, un tribunal quelconque intervenait trouvant toujours et partout le moyen de l'annuler, — à moins que cet arrêté n'eût dans ses termes un caractère de généralité tel, qu'il ne fut plus d'aucune portée ; et encore, cet arrêté devait-il avoir pour objet une de ces causes d'insalubrité qui mettent en péril la santé publique !...

D'autre part, jusqu'à la loi de 1902, le Maire n'avait à peu près aucun droit en matière de voie privée ; celle-ci étant considérée comme faisant partie de l'habitation privée, elle était soumise à l'action de la Commission dite des logements insalubres, et on sait comment fonctionnaient ces Commissions quand, par hasard, elles existaient !...

En réalité, j'ai donc raison de dire que les droits des Maires ont été considérablement étendus, non seulement parce qu'ils peuvent désormais intervenir utilement sur la voie publique, en prescrivant les mesures d'assainissement qu'ils jugent utiles, mais encore parce que leurs droits s'étendent aux voies privées, assimilées aux voies publiques. Leur intervention sera donc légale pour toutes choses qui touchent à la propreté de la voie publique, aux écoulements sur cette voie pu-

blique des eaux de pluie, des eaux ménagères ou autres, au balayage, aux dépôts de
fumiers, au transport de matières de nature à
compromettre la propreté de la chaussée, etc.,
et les mêmes droits leur sont acquis à propos des voies privées, « *que celles-ci soient
closes ou non à leurs extrémités par une grille.* »
Le rapport de M. le Professeur Cornil en fait
une mention toute spéciale et le doute ne peut
pas exister.

En pareille matière, les droits impartis aux
Maires sont absolus et ce n'est pas là la moindre difficulté que rencontre celui qui les vou-
drait définir. S'agit-il de construire une voie
publique ou privée! Le Maire en fixe la lon-
gueur, la nature du sol, le rapport de la chaussée aux trottoirs, et en général tout ce qui
constitue la voie elle-même. Celle-ci existe-
t-elle déjà ? Propreté, entretien, surveillance,
résument incomplètement tous les droits qu'il
peut y exercer. Par son Règlement Sanitaire ou
par la voie d'arrêtés spéciaux, il lui appartien-
dra de les prévoir et de les établir aussi étendus
qu'il voudra : une fois ainsi affirmés et nettement stipulés, ces droits, constituent pour les
Maires autant de devoirs, qu'ils rempliront en
mesurant le caractère impérieux de ceux-ci,
à l'étendue de ceux-là.

Des Droits et des Devoirs des Maires en matière de salubrité des logements

Au moment où une loi nouvelle est promulguée, on a quelquefois reproché au Gouvernement qui en prend l'initiative — et ce reproche fut plus d'une fois fondé — sa tendance trop centralisatrice et une fâcheuse disposition à considérer le pays tout entier, comme un Paris étendu et élargi jusqu'aux confins du territoire Français.

L'importance donnée par le texte législatif de 1902 à la question de la salubrité du logement est un exemple de cette tendance. Car c'est à Paris, et en général dans toutes les grandes agglomérations, que le problème de l'habitation devenant, — par rapport à la classe ouvrière — le plus difficile à résoudre, sollicite plus spécialement l'attention des pouvoirs publics.

7

Inévitablement et pour une part dont l'étendue
est rarement soupçonnée, la vie et la santé
publique sont en cause partout où il s'agit de
logements et d'habitations, et c'est dans les vil-
-les surtout que cette influence s'affirme. Dans
les villages aujourd'hui de plus en plus désertés,
et où un certain nombre de maisons sont inha-
bitées, et plus encore dans les campagnes où
les habitations — si peu luxueuses soient-
elles — ont du moins l'immense avantage d'être
généralement spacieuses, et presque toujours
isolées, au milieu d'un vaste terrain, par
conséquent inondées de toutes part, d'air, de
lumière et de soleil, le problème de la salubrité
du logement n'a pas le même intérêt; et le
rigorisme dont il faudra faire preuve, de toute
nécessité, dans les grandes villes, au point de
vue des voisinages et des contacts, se pourra
sensiblement relâcher à la campagne.

Quelle est la maison de ferme, où l'habitation des cultivateurs et quelquefois celle du
maître, n'est pas dans le voisinage immédiat de
l'étable à chevaux ou à bœufs?... Peut-être
n'est-elle nullement pourvue d'eau potable, et
l'alimentation s'y fait-elle au moyen de réci-
pients de fer ou de grès, à bras d'hommes! La
fosse d'aisance est évidemment un hommage
rendu à l'hygiène, là où elle existe: quant au

réseau d'égoûts, la nature s'est chargée d'y pourvoir, en creusant dans les environs le lit d'un
ruisseau, qui sert de véhicule a tous les déchets
de l'habitation, allant infecter les voisins d'aval,
de toutes les souillures dont il a débarrassé les
voisins d'amont.

L'intervention du Maire y serait mal accueillie, qui prétendrait soumettre le propriétaire de
cette ferme, ou même l'habitant de cette maison de village, suffisamment propre et bien
tenue, aux règles d'Hygiène que la loi de 1902
s'est efforcée d'établir, en face du difficile problème de la salubrité du logement, qui rarement
soulevé dans tels endroits que je viens d'indiquer, se pose constamment et avec l'impérieuse obligation d'une prompte solution, dans
un si grand nombre de villes !...

On a dit, avec toute apparence de raison,
que la mortalité et la morbilité par turbercu-
lose pulmonaire, constituent le véritable critérium, le baromètre de la salubrité de l'habitation dans un pays.

Les statistiques d'état-civil que dresse chaque année le Ministère de l'Intérieur, a défaut
de toute autre enquête, renseigne d'une façon
suffisante sur le nombre de décès survenus dans
toute commune par tuberculose pulmonaire. Là
où cette implacable maladie que l'on à appelée

« la grande faucheuse » sévit plus cruellement, le Maire est-il suffisamment armé pour parer ses coups et diminuer le nombre des victimes ?

Oui, je le dis tout de suite, le Maire est suffisamment armé par la loi de 1902; pour arriver à réaliser l'assainissement d'un quartier quel qu'il soit, et quelles qu'en soient les causes d'insalubrité, les mesures qu'impose une Hygiène bien comprise sont toutes dans ses droits ; leur exécution est un des premiers devoirs qu'il aura l'obligation de remplir, s'il ne veut pas voir l'autorité préfectorale, se substituer à la sienne. Car ici, et si grande a été jugée l'importance de la question, elle touche à des intérêts si considérables, qu'une dérogation a paru justifiée à cette règle du droit municipal qui veut que l'autorité préfectorale puisse empêcher, mais non contraindre.

Et d'abord, pour suivre l'ordre indiqué par la loi elle-même, dans l'énumération de ces mesures, un premier droit est conféré au Maire par l'article 11 de la loi, le premier du chapitre II, (titre I), consacré aux *mesures sanitaires relatives aux immeubles*.

« Dans les agglomérations de 20.000 habi-
« tants et au-dessus, aucune habitation ne peut-
« être construite, sans un permis du Maire
« constatant que, dans le projet qui lui a été

« soumis, les conditions de salubrité prescrites
« par le Règlement Sanitaire sont observées.

« A défaut par le Maire de statuer dans le
« délai de 20 jours à partir du dépôt à la Mairie
« de la demande de construire, dont il sera
« délivré récipissé, le propriétaire pourra se
« considérer comme autorisé à commencer les
« travaux. L'autorisation de construire peut-
« être donnée par le Préfet en cas de refus du
« Maire. Si l'autorisation n'a pas été demandée
« ou si les prescriptions du Règlement Sanitaire
« n'ont pas été observées, il est dressé procès-
« verbal.

« En cas d'inexécution de ces prescriptions,
« il est procédé conformément aux disposi-
« tions de l'article suivant ».

Voilà donc le Maire investi d'un droit nouveau, véritable mesure de précaution celle-là,
de prévision sanitaire, de prophylaxie, puis-
qu'elle s'applique non pas aux constructions
déjà existantes, mais à celles projetées sur le
territoire de sa commune.

Qu'est-ce donc exactement que ce permis de
construire que doit délivrer le Maire ?... C'est
tout simplement un avis favorable, une approbation des plans qui, de par la loi, doivent
« dans les agglomérations de 20.000 habitants
et au-dessus » être soumis à l'examen de

l'autorité Municipale avant que d'être exécutés.

Cette intervention du Maire, en de pareilles conditions, fut une des prescriptions de la loi de 1902, qui souleva le plus de protestations dès sa première application; protestations inquiètes de la part de propriétaires ne pouvant pas admettre qu'il fût permis à une autorité quelle qu'elle fût, de se mêler de cette affaire toute intime qu'est « le droit d'habiter sa maison, et d'y faire ce que l'ont veut », et de la part des hommes de l'art, Architectes, Ingénieurs, Entrepreneurs, etc... qui ne pouvaient reconnaître à un Maire — peut-être avocat ou médecin, ou industriel, ou rentier, mais bien rarement lauréat de l'Ecole Centrale — le droit de contrôler et de discuter leurs travaux.

Ici encore la question fut mal posée. Aux regards du droit du propriétaire de pouvoir « habiter sa maison et d'y faire ce qu'il veut », l'article 11 est une barrière, une restriction nouvelle à son imprévoyance, ou si l'on veut, à l'abus dangereux de ses droits incontestables. C'est ici un de ces cas dont je parlais dans l'introduction, à propos de cette loi contre laquelle devait s'élever la résistance de ceux-là mêmes pour qui elle était faite et qui en devaient bénificier. En prescrivant cette mesure restrictive, dont l'examen fut de ceux qui

absorbèrent le plus de temps, dans cette discussion de loi qui dura onze ans, le législateur de
1902 n'avait certes pas l'intention de donner à
l'autorité du Maire, une allure inquisitoriale ou
tyrannique, mais il poursuivait l'unique objec-
tif de procurer à tout habitant, un logement
salubre, et il eut la sagesse de prévoir que
c'était là un de ces cas où il faudrait protéger
l'homme contre lui-même et malgré lui. Pour
être sûr que nul n'habiterait un logement
insalubre, le meilleur moyen parut être encore
celui qui en supprimerait l'existence, et empê-
cherait qu'il en fut construit à l'avenir.

Quant à la résistance des hommes de l'art
qui se virent dans la nécessité de soumettre
leur œuvre à l'appréciation de quiconque, sans
doute infiniment moins habile, leur interprétation de la loi fut aussi une erreur. — De
pratique courante, c'est le Directeur du Bureau
d'Hygiène, ou l'Architecte de la ville qui a mission d'examiner les plans et de délivrer les permis de construire, au nom du Maire ; mais il
n'est jamais venu à l'esprit d'un Directeur
de Bureau d'Hygiène, médecin, d'examiner un
plan, au point de vue purement technique, et
l'architecte serait mille fois fondé à rejeter
tout avis du Maire, qui l'inviterait à ornementer
sa façade principale d'une moulure de plus, ou

d'une nouvelle corniche. Il existe dans toute commune de France un Règlement Sanitaire, et dans celui-ci certaines règles de salubrité, que l'intérêt à courte vue d'un propriétaire, pourrait oublier ou ignorer. Sans prétention d'en remontrer à personne, un simple inspecteur d'Hygiène pourra se trouver au cas de rappeler à un architecte, qu'il existe, de par le Règlement Communal, une prévision de la hauteur minima sous plafond, pour toute pièce destinée à l'habitation de nuit, une autre, du volume d'air réservé à chaque personne, dans les dortoirs devant contenir une collectivité, une autre de l'ajourement et de l'aération des sous-sols, etc... L'intervention du Maire dans ces conditions, et le droit de délivrer les permis de construire, est incontestablement une prescription sanitaire d'un haut intérêt, et qui se justifie très largement, par les services qu'elle peut rendre, tandis qu'elle ne constitue nullement une atteinte à la liberté individuelle, à raison de la forme sous laquelle elle doit s'exercer. L'autorisation constatera simplement que dans les plans examinés, se trouvent observées toutes les conditions réglementaires de salubrité, et que l'immeuble qui doit résulter de leur exécution, pourra être habité sans qu'il en puisse exister aucun danger pour la santé publique. Là s'arrête toute la portée, toute la signification de l'intervention du Maire. Elle doit être délivrée dans les 20 jours qui suivent la demande. Celle-ci est constatée par un dépôt des plans, lequel dépôt est fait au Bureau d'Hygiène en échange d'un reçu. Passé ce délai de 20 jours, le propriétaire est en droit de commencer ses travaux.

Qu'adviendrait-il en pareil cas, si la construction terminée, ou seulement en cours d'exécution, le Maire n'ayant pas pris de décision, une opposition devenait nécessaire pour inexécution de ces conditions règlementaires de salubrité?... Celles-ci évidemment devraient alors faire l'objet de rapports et de décisions d'une autorité supérieure à celle du Maire, et dont je parlerai tantôt; car le droit du Maire a fini et sans possibilité de retour, avec l'expiration du délai de 20 jours. Mais alors, toutes les décisions prises à l'encontre des intérêts du propriétaire dont l'immeuble est construit, ou en voie de construction — toutes ces mesures, dis-je — n'en seraient pas moins obligatoires et nécessairement exécutées, sous la responsabilité et aux risques et périls du Maire qui aurait négligé de répondre dans le délai légal, à la demande de permis.

Il faut observer ici que le Maire, peut se

trouver en présence de circonstances, mettant
en jeu la responsabilité de la commune : il
devra donc procéder avec une certaine circons-
pection. D'ailleurs les décisions du Maire sont
sujettes à révision, de la part du Préfet, devant
qui un propriétaire pourra en appeler du refus
qui lui aura été opposé : la décision du Préfet
est sans appel, je veux dire que le Maire devra
s'y soumettre, malgré qu'elle contredise la
sienne propre.

Reste à savoir ce que pourra faire le Maire,
contre le propriétaire qui aura négligé de
demander le permis de construire — un procès-
verbal —; et contre celui qui, non content de
n'avoir pas demandé la permission, ou l'ayant
demandée et obtenue, n'exécuterait pas les prescriptions du Règlement Sanitaire, telles qu'elles
sont prévues dans les plans approuvés, au cas
où il en résulterait un immeuble insalubre.
Le Maire devrait alors intervenir comme dans
le cas de tout immeuble dont il doit poursuivre légalement l'assainissement, en inspirant
son intervention du principe de droit *mutatis
mutandis*.

C'est ici le moment d'établir comment et par
qui un immeuble sera reconnu insalubre ?...

L'immeuble insalubre est celui qui est dangereux pour la santé de ses habitants, ou de

ses voisins : et c'est le Maire qui en décidera ainsi en constatant l'existence et la nature du danger auquel est exposée la santé, du fait de l'immeuble incriminé. Quels sont les effets desquels ressortira la preuve matérielle du danger et de l'insalubrité ? Une commune est réputée insalubre quand le chiffre de la mortalité pendant trois années consécutives, excède le chiffre de la mortalité moyenne en France !... (article 9). Par extension on pourra se servir du même critérium, ici encore *mutatis mutandis*, pour établir l'insalubrité d'un immeuble par un calcul du taux de la mortalité, par rapport au nombre de ses habitants ?...

Mais sans attendre de tels résultats, l'intervention du Maire peut s'autoriser de la jurisprudence qui établit que l'insalubrité d'un immeuble est encore démontrée par l'existence de mauvaises odeurs viciant l'air, par un entassement trop grand d'êtres humains dans un espace trop restreint, par l'absence d'eau et de lumière, par la présence d'un certain degré d'humidité ou de malpropreté (G. Jourdan).

Par extension, je crois avec l'auteur que je viens de citer, que l'insalubrité d'un immeuble peut résulter de conditions diverses dangereuses « pour une cause quelconque ». Ainsi une porte qui jointe mal et laisse passer le froid et l'humidité, ou encore une toiture qui laisse écoulement aux eaux, sont des causes d'insalubrité d'un immeuble, et des causes qui ressortissent à l'intervention de l'autorité Municipale...

Les droits et les devoirs des Maires sont donc ici les plus étendus, et c'est là un des principaux bienfaits de la loi du 15 Février, car en raison des termes généraux de son texte, il est possible le plus souvent, aujourd'hui, de faire intervenir le Maire, et par lui, de porter remède à des causes d'insalubrité que jusqu'à aujourd'hui, il pouvait être quelquefois inutile et presque toujours dangereux de signaler, le Code Civil gardant en réserve, pour décourager les meilleures volontés, un article 1720 que le mauvais vouloir de certains tribunaux trouvait toujours occasion d'appliquer, contre quiconque demandait l'assainissement d'un immeuble insalubre.

• Donc, les causes d'insalubrité que le Maire pourra et devra combattre, sont assez nombreuses, et la loi semble assez bien faite pour n'en laisser échapper que le moins possible à son action. Comment celle-ci va-t-elle se manifester ?...

Quand je parle des causes d'insalubrité que le Maire pourra et devra combattre, je donne de son action et de son intervention une idée inexacte, car le Maire, par lui-même et à lui seul, ne peut rien d'une façon directe et immédiate. Son rôle — il est assez délicat déjà — est de connaître les immeubles insalubres, les causes et la nature de l'insalubrité. et les dangers auxquels est exposée la santé publique. De tout cela, il fait un rapport, qu'il soumet à la Commission Sanitaire de la Circonscription, et c'est elle qui va prononcer 1° *sur l'utilité et la nature des travaux d'assainissement ; 2o sur l'interdiction d'habitation de tout ou partie de l'immeuble jusqu'à ce que les conditions d'insalubrité aient disparu !...*

Là encore une procédure un peu particulière. Le Maire a reconnu insalubre tel immeuble, et il sait pourquoi et comment... Il en dresse rapport, pour celui-ci, être soumis à la Commition Sanitaire. Mais avant de subir cette épreuve, le rapport du Maire doit faire une station assez longue dans le cabinet du Directeur du Bureau d'Hygiène. Par les soins du Maire, en effet, et par lettre recommandée, le propriétaire de l'immeuble incriminé est avisé, que la Commission Sanitaire de la Circonscription aura à statuer sur les conditions d'insalubrité de son immeuble, à telle date fixée : cet avis doit lui être adressé au moins

15 jours avant la date de la réunion de la Commission sous peine de nullité. Naturellement, pendant ces quinze jours, le rapport du Maire devra être tenu à la disposition des intéressés.

Pour un temps du moins, l'action du Maire est ici terminée ; il a instruit l'affaire de l'immeuble insalubre, et il l'a reconnu tel, il en a dressé rapport, il en a informé l'intéressé par lettre recommandée, il en a saisi la Commission Sanitaire, en l'invitant à dire ce qu'il y a à faire et comment. Quelle que soit la décision que prononcent les membres de cette Commission, elle sera sujette à appel devant le Préfet, soit de la part du Maire, soit de la part du propriétaire, suivant que le Maire ou le propriétaire aura eu gain de cause devant cette première juridiction. Le Préfet à son tour saisira de la question le Conseil Départemental d'Hygiène, qui prononcera dans les mêmes conditions que la Commission Sanitaire aura jugé en premier ressort. En réalité, ce n'est donc, ni le Maire au premier degré, ni le Préfet au deuxième, qui décident du sort de l'immeuble, mais, dans un cas comme dans l'autre, c'est un comité, c'est un tribunal impersonnel, composé de juges nécessairement impartiaux et compétents. Mais c'est au Maire qu'il aura appartenu de mettre en branle tout ce personnel de justiciers sanitaires. Le Préfet notifiera au Maire la décision du Conseil Départemental d'Hygiène.

Cette décision, qu'elle émane de la Commission Sanitaire de Circonscription, ou du Conseil Départemental d'Hygiène, portera sur la nature et l'utilité des travaux d'assainissement à accomplir par le propriétaire, il en fixera le délai d'exécution, et s'il s'agit d'un immeuble à désaffecter, il fixera le délai dans lequel l'interdiction d'habiter recevra son effet, pour tout ou partie de l'immeuble; délai à courir d'une certaine date que nous allons fixer. — Cette décision ne deviendra exécutoire qu'après qu'elle aura été notifiée à l'intéressé sous la forme légale, c'est-à-dire, — nouvelle obligation pour le Maire, — sous la forme d'un arrêté municipal : l'arrêté portant interdiction d'habiter, devra être revêtu de l'approbation du Préfet.

Mais n'oublions pas que contre la décision du Maire et du Préfet, de la Commission Sanitaire ou du Conseil Départemental d'Hygiène, « *un recours est ouvert aux intéressés dans le délai d'un mois devant le Conseil de Préfecture* ». Recours suspensif.

Ainsi donc lorsque l'arrêté du Maire, a été notifié à l'intéressé. celui-ci peut n'en pas faire cas pendant 29 jours ; le trentième jour, il fait appel devant le Conseil de Préfecture ; si toutefois il n'est pas décidé à faire appel, ce délai de trente jours ne lui est pas moins accordé, car l'Arrêté Municipal qui a fixé le délai imparti à qui de droit pour exécuter les travaux ordonnés, ne commence à avoir une valeur quelconque qu'après ces trente jours.

Et puis, voilà expiré ce délai, voilà expiré aussi le délai quelconque fixé par l'arrêté du Maire !... Et le propriétaire ne s'en émeut pas, à toutes les prescriptions de l'arrêté, il oppose la force d'inertie, il ne fait rien...

Dans la pratique, le cas doit se présenter quelquefois, car l'article 14 y répond, expressément et en détail : « *à défaut de recours contre l'arrêté du Maire et si l'arrêté a été maintenu, les intéressés qui n'ont pas exécuté, dans les délais impartis, les travaux jugés nécessaires, sont traduits devant le tribunal de simple police. qui autorise le Maire à faire exécuter ces travaux d'office, à leurs frais, sans préjudice de l'article 471 paragraphe 15 du Code Pénal.*

« En cas d'interdiction d'habitation, s'il n'y a pas été fait droit, les intéressés sont passibles d'une amende de 16 à 500 francs, et traduits devant le tribunal correctionnel, qui autorise le

*Maire à faire expulser à leurs frais les occu-
pants de l'immeuble.* »

Ici, le rôle du Maire revêt un caractère de
rigueur dont le législateur s'est attaché à fixer
toutes les obligations : car il a dû prévoir les
faiblesses et les défaillances de cette autorité
municipale, de ce pouvoir paternel, en présence
de mesures aussi pénibles à appliquer contre
des concitoyens. L'importance, la nécessité de
ces mesures sont trop absolues pour qu'il soit
permis d'y faillir.

« *Les intéressés, qui n'ont pas exécuté, dans le
délai imparti, les travaux jugés nécessaires,
sont traduits devant le tribunal de simple police.* »

Ils sont traduits par qui ?... Un Inspecteur d'Hygiène, voire même un Agent de la Sû-
reté aura dressé le procès-verbal de contravention, mais évidemment c'est le Maire qui
devra prendre l'initiative des poursuites à diriger contre le délinquant, et le traîner en justice... Puis, le tribunal condamnera le propriétaire de l'immeuble insalubre, en vertu de
l'article 471 du Code Pénal, et il autorisera le
Maire à *faire exécuter* d'office, aux frais du
propriétaire, les travaux auxquels celui-ci se
sera refusé !. .

C'est bien ici le cas de rappeler aux Maires

que leurs droits se confondent en matière d'hygiène avec leurs devoirs, car il n'est pas douteux que ces droits seront quelquefois bien
pénibles à exercer et que seule l'idée du devoir
pourra les y décider. Que leurs administrés ne
leur en veuillent donc pas, non seulement parce
qu'en fin de compte, c'est pour leur propre bien
et dans l'intérêt de leur santé, qu'un Maire peut
être amené à agir ainsi, mais de plus, qu'ils
sachent bien que même au point de vue purement matériel, il y a bénéfice à s'entendre avec
lui, car le Maire se récusant, oubliant ou né-
gligeant son devoir, est d'office remplacé par
le Préfet ou le Ministre! Pour l'administré, y
aurait-il profit à cette substitution?

Tout ceci d'ailleurs, n'est que la procédure
de l'assainissement d'un logement insalubre
destiné à devenir salubre; mais si cet assainissement a été reconnu irréalisable, si toutes
les mesures possibles sont d'avance considé-
rées comme insuffisantes et inutiles, il n'est
plus question alors de *travaux jugés nécessaires;* une seule ressource, un seul moyen
d'échapper au danger d'insalubrité reste encore, c'est l'abandon du local, c'est l'interdiction d'habitation. Nous savons déjà que celle-ci
ne peut être ordonnée que par la Commission
Sanitaire, mais comme pour l'utilité de certai-

nes réparations, dans le cas précédent, c'est toujours sur l'invitation du Maire que la Commission aura à connaître les faits et à les juger. Et ce même article 14 prévoit également que l'avis de la Commission Sanitaire devra aboutir à des simples réparations (je viens d'en parler) ou à une interdiction d'habiter; mais il prévoit ces deux hypothèses, pour instituer la manière de procéder à l'encontre du propriétaire réfractaire, et se refusant à faire droit à l'interdiction d'habitation, comme il refusait tantôt d'exécuter les mesures d'assainissement nécessaires. C'est au Maire qu'échoit encore la pénible mission de faire exécuter cette radicale mesure, de faire expulser l'habitant d'un logement insalubre, et non susceptible d'assainissement.

Tout ce que j'ai dit à propos du rôle du Maire intervenant obligatoirement pour imposer les mesures d'assainissement, prescrites par la Commission Sanitaire, je dois ici le répéter à propos de l'interdiction d'habitation. C'est en pratique la théorie du Maire, officier sanitaire, et comme tel, à la fois pouvoir législatif et pouvoir exécutif; pouvoir législatif ayant des droits à exercer, des ordres à donner, des règlements à établir, et pouvoir exécutif ayant des devoirs à remplir, des instructions à faire observer, des règles à faire respecter et obéir.

Une éventualité reste encore à prévoir, et il appartenait au législateur de 1902 de s'y arrêter pour en réglementer les éléments ; c'est le cas où l'insalubrité « est le résultat de causes extérieures et permanentes, ou lorsque les causes d'insalubrité ne peuvent être détruites que par des travaux d'ensemble ». Alors la commune — disons le Maire — peut acquérir ou mieux doit acquérir après l'accomplissement des formalités prescrites par la loi du 3 Mai 1841, la totalité des propriétés comprises dans le périmètre des travaux d'ensemble qui s'imposent. Au point de vue strict du texte, une remarque : l'art. 18 de la loi se réfère, à propos des formalités à remplir, à la loi du 3 Mai 1841. Or, ce même article constitue sinon une contradiction, du moins une si large et si importante extension des droits consacrés par la loi de 1841, qu'il n'est plus possible de les reconnaître. Cette dernière, en effet, ne soumet à l'expropriation forcée, que les immeubles ou portions d'immeubles devant servir à l'exécution des travaux d'utilité publique, et dans les limites exactes où ces portions d'immeubles sont indispensables à ces travaux. Depuis 1902, au contraire, l'expropriation s'étend à la tota-

lité des propriétés comprises dans le périmètre des travaux. Le paragraphe suivant
semble apporter un correctif à cette mesure,
on serait du moins tenté de le croire, en voyant
le texte se référer aux articles 60 et 61 de la
loi du 3 Mai 1841. Il n'en est rien en réalité,
ou presque rien, et ce deuxième paragraphe
reproduisant un des articles d'un décret spécial à la ville de Paris (26 Mars 1852), dispose,
contrairement à ces articles 60 et 61 du 3 Mai
1841, qu'il retire aux propriétaires expropriés,
le droit que leur accordaient ces articles, de
reprendre possession, par privilège, des parties d'immeubles dont ils furent dépossédés
par expropriation, et qui n'auraient pas été
affectés à des travaux d'utilité publique. En
réalité le texte nouveau ne parle de celui de
1841 que pour affirmer qu'il le contredit et
l'annule.

Mais revenons-en au paragraphe premier
de l'article 18 de la loi sanitaire.

L'intervention du Maire que suppose cet
article est double, ou si l'on veut à deux
degrés. Cette insalubrité « résultat de causes
extérieures et permanentes », n'existe aux regards de la loi, ou de ceux qui la doivent faire
exécuter, qu'en vertu d'un rapport du Maire,
ce même rapport prescrit par l'article 12,

qui est la base de toute la législation sanitaire
des immeubles insalubres, et le pivot de
toute la procédure ordonnée par le chapitre 2
du titre premier. Le rapport du Maire qui,
en certaines circonstances, aura conclu à des
travaux d'assainissement à exécuter, en d'autres circonstances à l'interdiction d'habiter tel
immeuble, conclue ici à des mesures plus graves encore; ce n'est plus un i meuble qu'il
faut assainir ou abandonner, ce sont « des travaux d'ensemble » qui seuls peuvent détruire
les causes d'insalubrité signalées, travaux qui
sans doute vont toucher à plusieurs immeubles, à tous les environs immédiats du lieu où
a été observée l'insalubrité. Alors la commune,
je veux dire le Maire, peut intervenir et par
voie d'expropriation, acquérir « la totalité des
propriétés comprises dans le périmètre des
travaux » ; c'est la deuxième partie de cette
intervention à deux degrés dont je parlais tantôt. Elle sera particulièrement pénible pour le
Maire, et je me réserve de dire ce qu'il est
permis de penser de la mission que la loi de
1902 crée ainsi à l'autorité municipale.

L'intervention fut à deux degrés, le devoir
imposé au Maire a un double caractère : il faut
d'abord qu'il puisse ou qu'il veuille porter à
son budget la dépense, sans doute considéra-

ble, que rendra nécessaire une telle acquisition, dans de telles conditions : il faut ensuite,
et par dessus tout, qu'il soit décidé à s'exposer
à tous les inconvénients — dans l'ordre moral
— de pareilles mesures toujours vexatoires
à l'égard d'un ou de plusieurs de ses administrés. Triste perspective pour un pouvoir
élu! Les données certaines et indéniables de
l'hygiène, les bénéfices inappréciables dont on
lui est redevable, ne sont pas en France
suffisamment acceptés, et passés article de foi
dans l'esprit du peuple, pour qu'un magistrat
élu, justement soucieux de sa popularité et
désireux de ménager ses intérêts politiques et
ses amitiés sociales, consente, de gaîté de cœur,
à entrer dans cette voie, à donner pareille
orientation à sa carrière administrative.

Le paragraphe 2 de l'article 18 qui consacre
une mesure, je le répète, vexatoire à l'encontre
des propriétaires expropriés, est un texte peu
maniable, peu utilisable, entre les mains de
l'autorité municipale, à laquelle il crée des
droits qu'elle ne considérera jamais que comme
des devoirs, très difficiles et très dangereux à
remplir. Il semble du reste s'appesantir à dessein sur les difficultés qu'il crée, et qu'il
augmente comme intentionnellement soit; que
l'expropriation s'adresse à tout un immeuble

nécessaire aux mesures d'assainissement qui doivent être prises soit qu'elle ne vise qu'une portion d'immeuble, les parties restantes, hors-lignes inoccupés, ne devront pas revenir aux propriétaires dépossédés, en vertu d'un juste privilège, quel que soit l'usage auquel elles puissent être affectées. Cela me paraît aggraver encore, et bien inutilement, les sévérités fâcheuses de la loi. Une exception est faite il est vrai, pour le cas où ces parties restantes, non employées à l'assainissement, ont une « étendue et une forme qui permettent d'y élever des constructions salubres ». Mais quelle obscurité dans ce texte, et quelle est la limite, quel est le critérium de l'étendue et de la forme permettant d'élever des constructions « salubres » ?

L'étude que je viens d'esquisser de ce chapitre 2 du titre I de la loi, traitant des droits dévolus au Maire, en matière d'assainissement des habitations, fait ressortir mieux que toute autre partie de la loi, l'étendue considérable accordée à ses pouvoirs, si on compare ceux-ci, tels qu'ils sont aujourd'hui à ce qu'ils étaient avant le 15 Février 1902. Dans un excellent petit livre portant la date de 1900, M. Gustave Jourdan a fait l'exposé des « Pouvoirs des Maires, en matière de salubrité des Habita-

tions ». En réalité, toute la législation de
l'époque aboutissait à une négation absolue de
l'autorité municipale, et pratiquement, le Maire
ne pouvait rien, notamment contre l'insalubrité
de la propriété privée. La loi de 1902 était
donc nécessaire, indispensable, et les pouvoirs
dont elle arme l'autorité, ne me paraissent
nullement excessifs; à peine sont-ils propor-
tionnés aux dangers que font courir, ainsi
que je le disais au début de ce chapitre, aux
imprévoyants qui les habitent, ces logements
insalubres, ces « *maisons qui tuent* », suivant
l'énergique expression d'un moderne hygié-
niste. C'est au chapitre de l'habitation, que la
loi sur la Protection de la Santé Publique a
répondu le plus exactement et le plus heureusement, aux espérances de ceux qui en souhai-
taient la promulgation, et ce sont les prescriptions de ce chapitre, qu'il appartient à l'hygié-
niste de louer sans réserve, dans le fond du
moins, quelques observations pouvant être
formulées, à mon avis, quant à la forme. Le
Maire peut ici vraiment faire tout ce qu'il
juge utile, ou du moins il peut demander et
obtenir de la Commission Sanitaire, tout ce
qu'au nom de la salubrité, il est nécessaire de
réaliser dans le plus grand intérêt de ses administrés. Mais il s'agit ici de l'intérêt imma-

8

tériel, impondérable, médiat, celui qui vise, il
est vrai, le bien le plus précieux, mais le plus
facile à oublier à reconnaître, la santé. Or, la
santé exige quelquefois des sacrifices, des dépenses, qu'il ne sera pas facile de faire consen-
tir à de mal avisés, ou à des sceptiques. Que
fera le Maire contre ceux-ci, je dis mieux,
pour ceux-ci ?

CONCLUSION

Appréciation générale
sur la loi du 15 Février 1902

La loi du 15 Février 1902 sur la Protection
de la Santé Publique, réalisa un progrès
immense, dans la voie de l'application et de
l'extension des règles générales de l'Hygiène
Publique, auxquelles elle donna une précision
de forme, et un caractère d'impérieuse obligation, qu'elles n'avaient pas jusque-là.
Alors que la législation antérieure ne don-
nait en réalité, aucun droit et ne créait aucun
devoir à aucune autorité, alors que même, elle
semblait s'acharner — du moins la compre-
nait et l'appliquait ainsi la Jurisprudence en

honneur — à mettre un obstacle au devant
de tout mouvement de progrès, de toute
marche ascensionnelle, alors qu'elle rendait
inutile tout effort, inefficace toute tentative,
impuissante toute bonne volonté, la loi de
1902, par contre a grandement étendu et suffisamment élargi le droit d'action des Maires,
qu'elle a presque constamment transformé en
devoir d'intervention : les armes qu'elle a for-
gées, les moyens d'agir qu'elle a prévus, les
procédés et les méthodes qu'elle a consacrés,
constituent dans leur ensemble, un arsenal
assez fourni, pour la défense et la sauvegarde
de la santé publique.

Certains hygiénistes l'ont jugée faible et insuf
fisante, eu égard aux résultats qu'elle devait
donner, au but qu'elle devait poursuivre et atteindre. Si la faiblesse et l'insuffisance d'une loi
résultent du défaut ou de l'extrème bénignité
des sanctions qu'elle comporte, leur jugement
est largement fondé, et judicieusement porté.
Mais j'ai dit au début de ces pages, que la loi
sanitaire, les Règlements d'Administration Publique qu'elle a provoqués, et tous les textes
qui en émanent, constituent un ensemble de
règles qui ont un caractère bien particulier.
Elles sont impératives de fait ; mais le législateur s'est attaché à atténuer ce caractère tou-

jours fâcheux; il a voulu leur donner, je dis mieux, leur conserver la physionomie et l'aspect de ce qu'elles sont au fond et réellement, des mesures de protection, de prévoyance, de garantie du bien être et de la santé publique. Comme telles, elles devaient apparaître non pas impératives et obligatoires, mais en quelque sorte facultatives et permissives : elles ne devaient pas contraindre l'individu, à telle action dont sa santé serait le plus heureusement influencée, mais, après la lui avoir dictée, après lui en avoir fait mesurer toute l'importance et toute la valeur, après lui avoir dit les avantages qu'il en retirera d'une façon certaine, et pour son plus grand profit, la loi devait lui présenter cette action sous forme de conseil, sous forme de faveur, comme un avantage possible, comme un bénéfice permis.

C'était à la fois faire hommage à la vérité, et rendre aimable une législation promulguée dans l'intérêt de tous, qui devait être acceptée d'enthousiasme, accueillie avec la plus grande gratitude, mais non pas imposée, et rendue exécutoire par les procédés d'obligations et de rigueur qui sont de coutume en matière de loi. Aucune autorité n'est chargée de faire exécuter la loi, en vertu de laquelle tout malade soigne sa maladie, cherche à la guérir et à en atténuer les suites ; pourquoi faudrait-il en user plus sévérement envers le bien-portant, pour lui permettre de conserver sa santé, et d'éviter les atteintes du mal ? — C'est le bien public, non pas le bien de la majorité, au détriment de quelques-uns, mais le bien de tous sans exception qu'a cherché, qu'a voulu rendre accessible à tous, le législateur de 1902.

Fallait-il prévoir des mesures de coercition pour obtenir l'application d'une telle loi, et l'exécution de ses prescriptions ?... Si je cherchais des exemples chez nos voisins, plus particulièrement en Angleterre, je répondrais hardiment par la négative, car partout ailleurs qu'en France, là même où ces mesures de rigueur avaient été prévues et rendues possibles au cas où elles seraient nécessaires, les lois sanitaires ont été accueillies comme un bienfait public. C'est ainsi qu'il convient de considérer la loi de 1902, et si j'insiste sur ce caractère de la loi, sur la nature de ses prescriptions, c'est que j'y vais trouver l'explication d'une organisation qui a paru si éminemment blâmable et condamnable.

Hygiénistes et médecins, s'accordent pour reconnaître que la loi de 1902 était nécessaire, qu'elle est sagement conçue et profitable au bien public. Mais si l'outil est bon, que vaut l'ouvrier ?

Voilà la question la plus délicate et aussi la plus importante parmi toutes celles qu'a soulevées la loi sur la Protection de la Santé publique.

On a dit sous toutes les formes et dans tous les termes, que le choix du Maire comme agent d'exécution de cette loi, était une faute grave, une erreur impardonnable, et, je l'avoue bien sincèrement, au début de ma carrière administrative, j'ai pensé avec tant d'autres, que la désignation du Maire comme officier sanitaire de sa commune, était une mesure destinée à frapper fatalement d'impuissance, le nouveau texte législatif, que j'avais moi-même mission d'appliquer et de faire exécuter. Voici ce que j'écrivais en 1905 :

« Avec une législation sanitaire comme
« celle que résume et condense la loi du 15
« Février 1902, avec un rouage administratif
« tel que le Bureau d'Hygiène, et les attribu-
« tions qui lui sont dévolues, avec un ensem-
« ble de prescriptions et de règles générales,
« comme celles que contient la loi, particuliè-
« res et spéciales comme celles réservées au
« Règlement Sanitaire Communal, il serait
« possible, il serait facile de mettre en pratique,
« de rendre utiles et fécondes les sages pres-
« criptions de l'hygiène. Mais il eût fallu placer

« en des mains libres de tout lien, un instru-
« ment aussi précieux, et à la fois aussi délicat
« à manier et à conduire. La peur du scrutin
« est souvent le commencement de l'erreur et
« de la mauvaise administration ; or, c'est là
« le sentiment qui domine presque fatalement
« et toujours la conduite du magistrat élu
« qu'est le Maire. L'exécution des lois d'hy-
« giène, leur application, leur mise en pratique,
« ne peuvent pas aller sans quelques mesures
« de coercition, de gêne et de contrainte ; elles
« entraînent d'autre part et non moins néces-
« sairement des dépenses supplémentaires, que
« les précédents budgets ont ignorées, et qui
« demandent la prévision et le vote d'un nou-
« veau crédit, ajouté à tant d'autres, qui enflent
« jusqu'à l'excès le chapitre des crédits... Et
« c'est dans ces conditions si fâcheuses, toutes
« en contradiction avec son intérêt, avec son
« désir de plaire et de conserver les sympa-
« thies de ses électeurs, avec les difficultés qui
« menacent chaque année d'un écroulement le
« budget communal, c'est dans ces conditions,
« dis-je, que le Maire a le droit et le devoir
« de faire appliquer la loi, qu'il est tenu, afin
« de protéger la santé publique, de déterminer
« les précautions à prendre... les prescriptions
« destinées à assurer la salubrité... etc... (art.

« 1) ; toutes choses éminemment utiles aux
« intérêts de la population qu'il administre,
« mais aux intérêts lointains, médiats, ceux
« que l'on n'atteint qu'indirectement et par
« voie de conséquences tardives ; toutes choses
« éminemment contraires, en apparence, aux
« intérêts actuels, immédiats, prochains, à la
« portée de la main, et partant si chers, de
« ces mêmes administrés, qui lui sauront gré
« du respect et de la sauvegarde qu'il accor-
« dera à ceux-ci, autant qu'ils seraient marris
« et fâchés, de la sollicitude et des soins réser-
« vés à ceux-là...

« Pour être Maire d'une commune, on n'en
« est pas moins homme, et il est essentielle-
« ment humain de se laisser guider par l'ins-
« tinctif besoin de sympathie et d'estime, par
« le naturel désir de faire le bien, ou ce qu'on
« croit le bien, d'être agréable à qui fût un ami
« ou un défenseur. Et voilà comment la loi du
« 15 Février 1902, bonne en elle-même, utile
« et sage dans son essence, productive et fé-
« conde en heureux résultats prévus et rendus
« possibles, est demeurée stérile, ou presque
« nulle d'effets et de conséquences, presque
« toujours incomplètement appliquée, souvent
« ignorée et méconnue, quelquefois volontai-
« rement méprisée et bannie de la pratique

« administrative. L'intervention du Préfet,
« celle du Conseil Départemental d'Hygiène,
« ou encore le rôle réservé au Président de
« la République et au Conseil Supérieur
« d'Hygiène Publique, sont ou semblent être
« des correctifs, des compensations et des
« compléments nécessaires à des négligences,
« à des insuffisances d'action prévues et con-
« sidérées comme probables. Mais en réalité,
« ces interventions elles-mêmes, supposent et
« prévoient l'action première du Maire, dans
« la plupart des cas, notamment en ce qui a
« trait à l'insalubrité des habitations. Et au
« total, du fait de la part prépondérante et
« presque exclusive réservée à l'intervention
« du Maire, la loi du 15 Février 1902 est fata-
« lement frappée d'inutilité et d'impuissance.
   « Ne semble-t-il pas véritablement que le
« législateur de 1902 ait été fâcheusement
« inspiré, qu'il ait joué de malheur, si l'on me
« permet cette expression, toutes les fois qu'il
« s'est agi pour lui d'une répartition des rôles
« ou d'un choix de l'autorité à qui les attribuer
« dans l'application de la loi ? Quelle mesure
« plus sage et plus féconde en résultats que
« la déclaration des maladies transmissibles ?
« Mais c'est au médecin qu'il impose cette
« déclaration que celui-ci ne fera pas — qu'il

« ne pourra — qu'il ne devra pas faire dans la
« plupart des cas, par respect pour les intérêts
« de son client, par égard pour la prospérité
« commerciale de celui-ci, par prudence pour
« lui-même et par esprit de fidélité au devoir
« qu'est pour lui le secret professionnel...
« S'agit-il de confier l'application de la loi elle-
« même... Il ne pourrait trouver de moins dési-
« gné, de moins qualifié, de moins apte à pa-
« reille besogne que le Maire d'une commune,
« pouvoir élu, dont le premier devoir, celui
« qu'il ne peut oublier ni négliger, est d'obli-
« ger ses administrés, de leur rendre service,
« de leur être agréable, et plus encore de leur
« éviter tout ennui, de leur épargner tout em-
« barras et toute dépense, pour les conserver
« amis fidèles et plus fidèles électeurs ».

Ce n'est pas seulement à titre d'aveu, et pour
en faire amende honorable, que j'ai cité tout au
long cette page écrite pour une Revue, il y a
quatre ans; mais elle contient et résume tous
les griefs adressés généralement à la loi elle-
même et au législateur, pour le choix qu'il a
fait de l'autorité municipale, comme pouvoir
exécutif, et à cette autorité elle-même dont les
lenteurs et les atermoiements ont été relevés
et imputés à blâme comme je l'écrivais alors.

Un peu plus d'observation attentive, une connaissance plus complète et plus raisonnée de la loi, une étude plus minutieuse des circonstances au milieu desquelles elle fut élaborée, l'examen des discussions si longues et si intéressantes qui ont précédé son éclosion, l'exposé des considérations qui ont été formulées dans des rapports confiés à des maîtres en la matière, enfin un peu plus de cette expérience qui « passe science », me font apercevoir sous un tout autre jour ce texte législatif si diversement et si faussement interprété.

Non pas certes que dans la pratique et dans la réalité, il ne reste pas quelque chose des constatations, ou des appréhensions que je manifestais en 1905 ; les difficultés d'application de la loi sont aujourd'hui ce qu'elles étaient alors, et les dangers que court l'autorité municipale à vouloir les résoudre, n'ont pas sensiblement diminué. Mais ce qui m'est apparu bien clairement aujourd'hui, ce qui ne supporte pas de contestation, ce que j'affirme, et ce que je voudrais essayer de démontrer, c'est que le Maire seul pouvait et devait être chargé d'appliquer la loi de 1902, c'est qu'aucune autorité ne pouvait être choisie à sa place, c'est que difficile par lui et avec lui, l'œuvre eût été impossible et irréalisable par d'autres.

Car il ne faut pas imposer les obligations de l'hygiène, il faut faire aimer et rechercher ses bienfaits. Voilà toute l'explication, tout le secret de la législation de 1902, et de l'importante décision par laquelle le Maire fut institué officier sanitaire de sa commune.

Certes il eut été facile de faire de l'œuvre sanitaire nouvelle, une sorte d'institution policière, dont tous les éléments auraient été constitués par voie d'arrêtés, et toutes les obligations remplies par des fonctionnaires choisis et nommés par l'autorité préfectorale, substituée à l'autorité municipale. C'était le moyen de hâter l'application de la loi, et certainement six ans après sa promulgation, on ne compterait pas encore un si grand nombre de communes où elle est mal comprise et incomplètement exécutée. Comme il y a une loi qui décide que tout Français est soldat de 20 à 45 ans, de même une autre loi aurait pu prononcer que tout Français fera de l'hygiène, le Préfet et les Commissaires de police étant chargés de l'application de cette loi.

C'eût été enlever, je ne dis pas à la loi, mais à la science qui en fait l'objet, l'hygiène, au principe qui l'inspire, le bien public, au but qu'elle poursuit, la santé de tous, aux moyens qu'elle met en œuvre, la protection dont elle

veut entourer tout citoyen Français, c'eût été
leur enlever leur véritable cachet, leur caractère propre, l'allure et la forme qui seuls leur
conviennent. Non pas que le législateur de 1902
ait pu et dû se faire l'illusion de croire que
les populations de nos villes et de nos villages
allaient de prime abord et dès qu'on les leur
présenteraient, accueillir cette loi, ce Règlement Sanitaire Communal, et cette obligation à la vaccination et à la revaccination,
et ce devoir de déclaration, d'isolement, de
désinfection, et cette nécessité d'habiter un
local propre et salubre, comme mérite-
raient d'être accueillis, ces ordres ou ces
conseils, en mesures de sauvegarde et de
protection. Non, les résistances et les difficultés du début, personne ne les ignorait, et la
recherche des moyens de les résoudre ne fut
pas une des moindres causes des interminables
lenteurs qui présidèrent au vote de la loi — elle
attendit près de dix ans dans les cartons du
Parlement! Mais il est un fait significatif qui
apparaît à celui qui, recueillant tous les éléments de cette longue discussion, les étudie et
les analyse attentivement : il n'est presque pas
de prescriptions légales, il n'est pas d'article
qui n'ait été discuté, attaqué, défendu, amendé,
retouché, avant d'être voté. Seul le choix de

l'autorité municipale n'a jamais fait l'objet d'un désaccord; seul ce choix n'a jamais été mis en question. La désignation du Maire s'imposa de tout temps; il en devait être ainsi, il n'en pouvait être autrement, sans donner à la loi le caractère qu'il fallait à tout prix lui éviter, comme contraire à la vérité, contraire au but poursuivi, nuisible à la cause même de l'hygiène.

C'est par la persuasion, c'est par les conseils, c'est par les exemples de ce qui se passe ailleurs, que les masses profondes du peuple se laisseront pénétrer et convaincre; c'est par des encouragements, par des avis désintéressés par des promesses amicalement données, que les réfractaires se laisseront gagner à certaines mesures auxquelles ils se seraient refusés malgré la violence; l'exemple en est fourni par la vaccination. Il y a près de 20 ans que la vaccination est obligatoire en France. Jusqu'en 1902, il est vrai, on fit assez bon marché de cette obligation, et n'était vacciné, en somme que qui voulait : je ne crois pas que sur tout le territoire de la République, il ait été fait une seule de ces contraventions qui étaient le droit des Maires et des Préfets, contre tout individu refusant de se laisser vacciner; pourtant chaque année le nombre des convaincus de la vacci-

nation s'est accru. Aujourd'hui, il n'est pas de
mère, qui ne vienne solliciter le coup de
lancette pour son enfant, dès que celui-ci a
quelques mois : la vaccination est, non pas
acceptée, mais demandée par les populations.
Il en sera de même, de toutes les autres mesures d'Hygiène, quand le temps aura fait son
œuvre, et quand l'expérience aura démontré
leur excellence. Alors aussi on sollicitera
comme une faveur, comme un besoin, d'être
isolé d'un malade contagieux, d'avoir une maison désinfectée après le passage d'un typhique
ou d'un varioleux ; alors on refusera d'habiter
un logement sans eau, sans branchement à
l'égoùt, insuffisamment aéré ou ensoleillé, alors
enfin on voudra vivre sous l'égide des lois
tutélaires d'une sage hygiène, dont on appré-
ciera tous les bienfaits.

Mais en attendant ces résultats prochains,
aucune autre autorité que le Maire ne pouvait
avoir mission de les préparer au milieu des
attermoiements, des défaillances et des révoltes
d'intérêt, que la législation nouvelle rendait
inévitables, par le bouleversement qu'elle
apporte aux coutumes, aux vieilles habitudes
aussi solidement enracinées que blâmables : il
importait de toute nécessité de ne rien brus-
quer, de voir ces inobservations, ces négligen-

ces, ces révoltes, et de fermer les yeux, de
paraître ignorer, du moins de patienter, et de
ne pas agir chaque fois, le glaive de la loi en
mains. En résumé, il fallait préparer le triomphe de la loi, au milieu de ses violations journalières, diminuées, supprimées, abolies peu à peu,
par voie d'extinction des violateurs, par voie
de patiente éducation et d'amicale persuasion.
Le Maire seul pouvait remplir pareille mission,
s'acquitter d'une tâche aussi délicate, que la
nature de son autorité doit seule rendre féconde
et utile. Il ne pouvait convenir à un Préfet, de
discuter avec un propriétaire, alléguant mille
faux prétextes pour s'éviter la dépense d'une
fosse étanche, qu'il trouvait naturel de surver-
ser dans un ruisseau : et le représentant départemental de l'autorité centrale, ne saurait tran-
siger avec la loi. Le Maire appellera son administré, le menacera de foudres qui n'éclateront
pas, il lui exposera les motifs de son intervention
amiable, lui citera la loi, lui en montrera les
bons résultats, acceptera les excuses de son
concitoyen, lui accordera les délais légaux et
extra-légaux, lui facilitera les moyens d'exécuter les travaux devenus indispensables, finalement le renverra convaincu, décidé, gagné à la
cause de l'hygiène, dont le récalcitrant aura
aperçu le bon côté, qu'on ne lui aura pas rendu

détestable par une menace de violence. Et ce
rôle, cette mission, seul le Maire pouvait les
remplir, seul il pouvait avoir le droit d'ajour-
ner l'application de la loi, et le devoir d'en
agir ainsi, sans mentir à son mandat, en restant
ce qu'il est essentiellement « un pouvoir paternel ».

Comment ce pouvoir paternel pourra-t-il
s'accommoder des rigueurs que prévoit et
ordonne le titre II relatif à l'assainissement de
l'habitation ? Je conviens qu'il y a là quelques
mesures qui paraissent inspirées d'un sentiment un peu trop exclusivement administratif,
et j'ai dit déjà combien me semble d'une sévérité inutile cet l'article 18 qui après avoir
dépossédé le propriétaire, d'un immeuble
nécessaire à l'assainissement d'un quartier ou
d'un pays, ne prévoit pas le retour d'office et
de droit, au dit propriétaire, de la portion
d'immeuble restant, après l'exécution des mesures d'assainissement. Par bonheur c'est la Commission Sanitaire de Circonscription qui sera
l'intermédiaire, le tampon, si j'ose dire, placé
entre le Maire et le propriétaire, et de fait c'est
à elle qu'incombera toute la responsabilité des
décisions à prendre.

Un exemple du mauvais vouloir de l'autorité
municipale en matière d'exécution de la loi

sanitaire, est souvent cité et avec quelque
apparence de vérité, par les opposants du
Maire officier sanitaire. C'est l'attitude, la
manière d'agir de certaines municipalités
envers leur Bureau d'hygiène. Oui, certains
Maires ont voulu biaiser avec la loi, créer des
services sanitaires sur le papier, et affecter à un
pseudo-Bureau d'Hygiène, de pseudo-crédits
destinés à aller, par voie de virement, à telle
dépense de voirie ou de comité des fêtes publiques. Il a fallu, je le sais, en plus d'une ville,
l'intervention de M. le Directeur de l'Assistance et de l'Hygiène Publique, pour faire de ces
apparences, des réalités, et mettre sur pied un
service qui était considéré d'avance comme
ridicule et inutile. Cette opposition des Maires
eut son bon côté, et son résultat instructif et
moral. Je ne puis me permettre de citer des
noms, mais je demande à être cru lorsque
j'affirme qu'il est à ma connaissance un Maire
très longtemps hostile, et hostile par conviction
à la création du Bureau d'Hygiène, qu'il se
laissa imposer malgré lui, et au prix d'une
protestation énergique, votée sur sa proposition
par son Conseil Municipal, et qu'il considère
aujourd'hui après 26 mois d'existence comme
« le plus utile et le plus intéressant des roua-
ges de l'administration municipale ». Ce sont

ses termes écrits, et c'est ainsi, je le sais, je l'affirme, que sont jugés et appréciés tous les Bureaux d'Hygiène, auxquels il a été laissé l'autonomie, la liberté d'allure et l'indépendance nécessaires pour accomplir la tâche qui leur incombe réellement. Certes, avant d'en venir là, avant d'obtenir justice, un certain nombre de ces services sanitaires ont dû passer par de rudes épreuves : il est de ces erreurs dont il faut malgré tout payer le prix, et de ce nombre fut celle du législateur de 1902, qui oubliant que la loi ne fait pas les mœurs, demanda aux Maires de prendre et de faire observer des mesures, contre lesquelles devaient s'élever toutes les résistances et tous les refus. « Il y-aura de grandes chances, disait Brouardel, pour que le Maire ne prenne pas des arrêtés qui doivent mécontenter fatalement un certain nombre des habitants qui sont des électeurs, ou que s'il les prend il ne les fasse pas exécuter. « Et le Docteur Mosny ajoute : « On a confié les pouvoirs d'exécution à ceux-là seuls qui avaient intérêt à ne pas agir ; on a solidarisé pour l'exécution tous ceux que leurs fonctions solidarisent pour l'inaction ».

Et si je voulais prouver, par d'autres exemples, les craintes et la pusillanimité du pouvoir municipal, à propos des mesures sanitaires à

prescrire et à faire exécuter, je rappellerai
combien furent nombreux les Maires, qui, non
seulement ne voulurent pas rédiger un Règlement Sanitaire Communal qui leur fut propre,
mais encore qui refusèrent d'accepter et de
faire leur, un des deux modèles que la Direction de l'Assistance et de l'Hygiène publique
avait envoyés à toutes les municipalités, et
qui, suivant les cas, devaient être appliqués à
toutes les communes qui ne se doteraient pas
d'une réglementation spéciale. Ceux-là, ces
magistrats timorés et craintifs pour leur popularité, se laissèrent imposer par l'autorité préfectorale cet arrêté dont ils évitaient ainsi de
prendre la responsabilité.

Dans le numéro d'Avril de l'excellente *Revue
Municipale d'Hygiène*, M. le Dr Eugène Gau-
trez, directeur du Bureau d'Hygiène de Cler-
mont-Ferrand, résume d'une façon très judi-
cieuse les motifs pour lesquels il y aurait à
craindre que les Maires ne pussent pas faire
exécuter la loi : il cite toutes « les prophéties
d'hommes avisés et bien informés », qui avaient
prédit les négligences municipales à l'endroit
de l'exécution de cette loi, et il montre combien elles furent justifiées.

Je n'ignore rien de tout cela, puisque, je l'ai
avoué, je fus moi aussi du nombre des « pro-

phètes » ; mais j'ai dit aussi comment j'avais
été amené à me convaincre, qu'il n'était d'autre
moyen de faire observer la loi que d'en confier
l'application aux Maires ; malgré toutes les
défaillances dont ils devaient se rendre coupa-
bles, en dépit même des oppositions qu'ils devaient rencontrer, eux seuls pourraient devenir
des officiers sanitaires communaux, car eux
seuls pouvaient, à ce titre, remplir le premier
devoir qui s'impose en pareille matière, à l'égard
des populations, je veux dire, les instruire, les
renseigner, leur apprendre ce qu'est l'Hygiène,
les amenant ainsi sans les contraindre, à en
observer les lois. « Car, a dit un auteur, la coër-
cition est impossible tant que l'opinion publique n'est pas éclairée, et il est vain qu'une loi
sanitaire commande quand elle ne sait pas se
faire obéir. »

Éclairer l'opinion publique, c'est par là qu'il
faut commencer en Hygiène ! Que dis-je, c'est
là toute la besogne ! Une fois connue, l'Hygiène
se suffit à elle seule, et il n'est plus besoin d'aucune intervention ni d'aucun contrôle pour la
faire observer et aimer. Le rôle, le devoir impérieux et inéluctable du Maire est de popula-
riser l'Hygiène, d'en répandre les notions partout, en toutes circonstances, en toutes occasions
et en tous lieux. C'est de mettre sous les yeux de

l'ouvrier ou du paysan qu'il faut convaincre, à qui il faut persuader, qu'ils doivent changer de manière de vivre, modifier leurs conditions d'existence, améliorer leur hygiène, c'est de leur faire lire quelques simples chiffres à l'éloquence si persuasive. La statistique de la mortalité lui fournira ces documents précieux, en signalant l'étrange disproportion (étrange seulement en apparence) qui existe entre le total des décès en ville et dans les campagnes. Il y a seulement 50 ans, il mourait en ville 8 à 10 personnes de plus par 1.000 habitants qu'à la campagne; ici la mortalité était de 23 pour mille, là-bas elle atteignait 31 ou 32. Or en quelques années ces proportions ont changé ; ici et là la mortalité à baissé, mais pour arriver à peu près uniformément au chiffre de 19,1 pour mille dans les grandes villes aussi bien que dans les campagnes, Quel est le facteur de ces merveilleux résultats? à quoi attribuer ces changements qui, chaque année et sur chaque groupe de mille habitants, conservent 14 existences de plus, et pourquoi cette décroissance de la mortalité s'est elle si brusquement et si considérablement fait sentir dans les villes, beaucoup plus que dans les campagnes? Il n'est d'autre facteur de ces résultats, il n'est d'autre cause a cette diminution sensible de la mortalité, il

n'est d'autre acteur, que l'Hygiène; et c'est
parce que l'Hygiène s'est installée et s'est déve-
loppée dans les villes beaucoup plus que dans
les villages, que ceux-ci ont vu diminuer leur
mortalité d'une façon à peine appréciable,
tandis que dans celles-là elle décroissait dans
des proportions si grandes. Et poussant plus
loin la démonstration, il serait facile de suivre
pas à pas, dans un pays, les progrès de
l'Hygiène, d'en voir les applications, d'en
observer les développements, et parallèlement
suivant les lois de l'inverse proportion, le taux
de la mortalité diminuer, baisser, pour arriver
aux chiffres que j'ai cités. Exemples concluants,
leçons de choses, auxquelles le bon sens et le
jugement du peuple, donnent tout leur crédit,
qui frappent l'imagination, qui restent, qui ins-
truisent et convainquent.

Voilà quel est la mission principale du Maire,
et qu'on me dise s'il est quelqu'un qui la peut
remplir plus et mieux que lui. Voilà comment
il appliquera l'hygiène. S'il arrive à la faire
connaître partout, il n'aura plus à se préoccu-
per des moyens de l'imposer. Il en est de
l'Hygiène comme de certaines découvertes; on
se méfie d'abord, on condamne sans l'entendre, le zélé novateur qui pressentant tout le
bien qu'il peut réaliser, se propose, s'offre gé-

néreusement ; mais on entrave son action, on
lasse son initiative. Cela est vrai en France
surtout. Au cours de ces pages, j'ai mentalement
comparé au peuple d'Athènes, le peuple français
généreux au fond, mais léger, impulsif, impres-
sionnable, facile à égarer, et qui plus d'une
fois, témoigna d'une noire ingratitude à l'égard
de ceux qui contribuèrent le plus à sa gloire
ou à son bien-être. Mais l'erreur n'a qu'un
temps ; tôt ou tard la vérité la répare. Tôt ou
tard, mais d'une façon certaine, ce peuple, un
instant trompé, sait rendre justice à ceux qu'il
a le plus méconnus.

Il est au nombre des vertus, c'est mon dernier mot, une vertu qui les commande toutes :
le courage moral, cette invincible fierté d'être
soi-même en toutes circonstances et d'affirmer
sa pensée, sa conviction, quoi qu'il puisse en
coûter, sa résolution de braver l'opinion publique quand elle a tort. Courage plus haut et plus
rare que cette bravoure qui met le sabre à la
main, et qui n'est que la bravoure d'un moment. Courage qui affronte la calomnie, qui ne
se soucie de plaire ni de déplaire, et n'écoute
que la voix sévère de la conscience.

Aux Maires qui possèdent cette vertu, et qui
en savent témoigner dans l'occasion que leur
offre la Loi sur la Protection de la Santé

Publique, l'avenir donnera raison, contre ces
pusillanimes administrateurs, dont je parlais
tantôt. Leur pays assaini, leur ville propre et
salubre, leurs concitoyens protégés et garés contre le mal, jouissant du précieux bienfait d'une
santé bonne, d'une existence heureuse et pro-
longée, proclameront l'utilité de la loi de 1902
que par leur sage administratation ils auront
ainsi fait aimer, je veux dire qu'ils auront fait
connaître. En retour des dures épreuves qu'elle
leur aura peut-être imposées, les succès acquis,
les résultats consacrés se changeront pour les
Maires en moissons de sympathies et de popularité, et leur œuvre vivra, leur mémoire sera
bénie, leur nom prononcé avec respect, bien au-
delà d'eux-mêmes, jusqu'au jour où leurs
cadavres se lèveront statues.

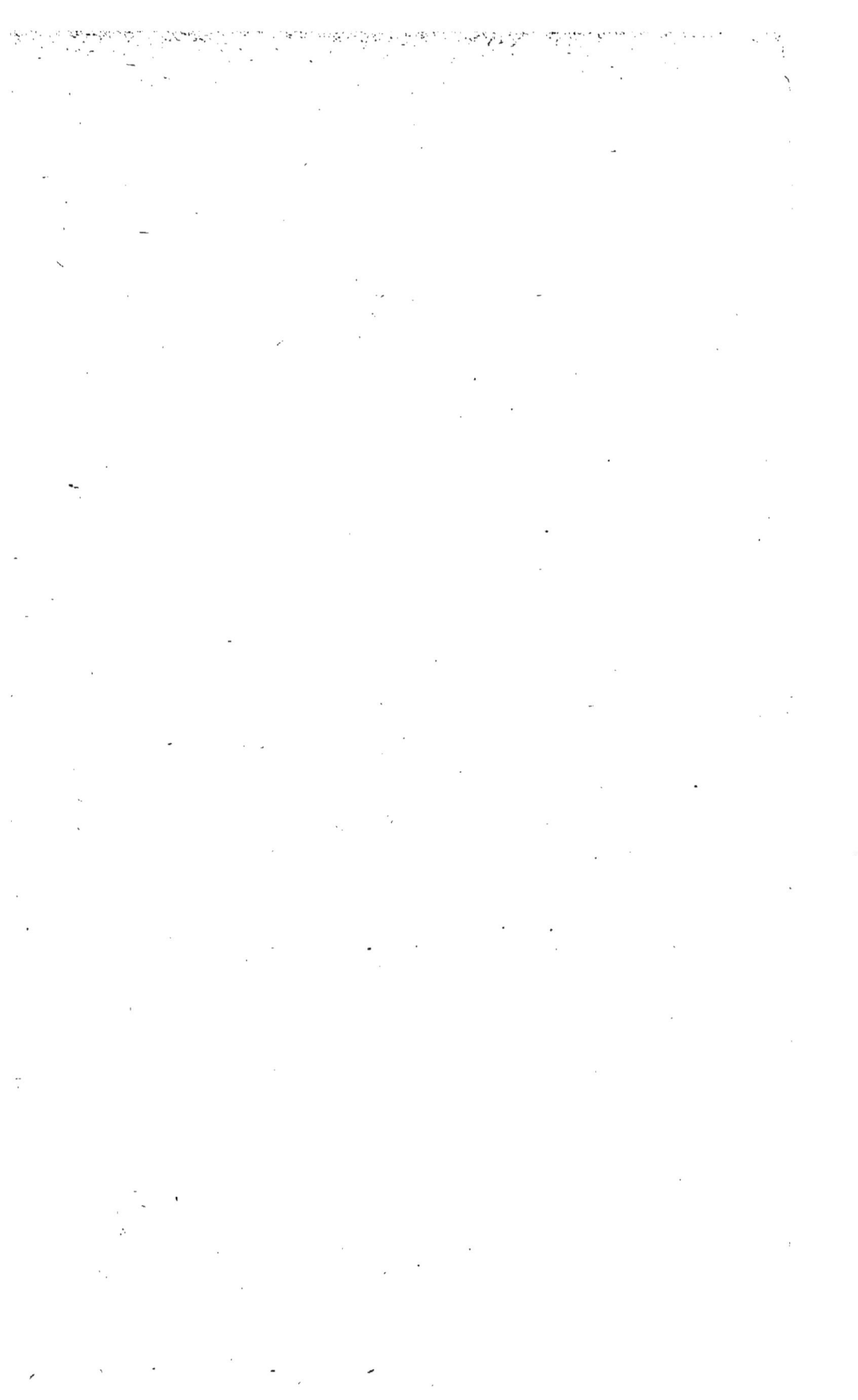

QUATRIÈME PARTIE

La législation sanitaire
en Europe

Il me reste à exposer brièvement et dans les grandes lignes, l'organisation sanitaire des principaux Etats Européens, pour la mettre en parallèle avec la nôtre. Je laisserai au lecteur le soin d'établir lui-même des comparaisons et d'en tirer les conséquences qu'elles comportent.

D'un voyage en Suisse, en Allemagne, en Italie, entrepris dans le but de m'instruire et de puiser des exemples, je remportai des enseignements et des matériaux de comparaisons.

Je dirai donc ce que j'y ai vu et observé au point de vue de l'hygiène publique, dans mes visites à quelques grandes villes de l'Europe.

I. — *Allemagne.*

Il n'existe pas en Allemagne une organisation uniforme et générale à tout le territoire de ce vaste Empire ; mais quel que soit le pays que l'on considère, on est partout frappé de l'importance accordée à l'enseignement de l'Hygiène. A Munich, à Leipzig, à Prague, à Breslau, à Iéna, à Wurzbourg, sans oublier Berlin, cet enseignement est organisé et professé avec un souci qui témoigne de tout l'intérêt qui est attribué à cette science. Chacune de ces Villes possède un Institut d'Hygiène, lequel est composé de deux sections : hygiène proprement dite d'une part, bactériologie d'autre part, et auquel se rattachent un laboratoire d'analyses alimentaires, et un Musée. Ce Musée présente dans certaines Villes, notamment à Berlin et à Munich, une richesse incomparable en matériel pour démonstration, en appareils et surtout en graphiques représentant le schéma des installations hygiéniques de la Ville, où se trouve le Musée et aussi de la plupart d'autres grandes Villes Allemandes, en hygiène alimentaire, urbaine, scolaire, militaire, industrielle, etc.

Ces installations donnent une idée de l'importance et de l'orientation de l'enseignement hygiénique. Dans chacun de ces Instituts, le Professeur fait, pendant presque toute l'année, trois à cinq leçons par semaine, on y étudie l'air, le lait, l'eau, la question du vêtement, celle de l'emploi des matières usées, etc.

Puis après chaque leçon, les élèves sont soumis à des travaux pratiques, à des analyses, à des manipulations ; enfin des excursions d'hygiène complètent ces leçons ! visite à la Brasserie modèle de Lowenbraü, aux abattoirs de Munich, aux champs d'irrigation de Berlin, à l'Hôpital modèle Moobit, etc... Des cours de vacances sont reservés à ceux qui veulent devenir médecins sanitaires ou médecins d'école, après avoir subi l'examen dont je parlerai tantôt.

Les assistants aux leçons de l'Institut doivent répondre aux questions qui leur sont posées pendant les cours ; chaque année il y est fait un véritable cours sur la vaccine et tout candidat au diplôme d'Etat est assuré d'avoir à subir une interrogation sur cette question ; car en Allemagne la vaccination est obligatoire à 1 an et à 12 ans. Les médecins attachés aux écoles quelles qu'elles soient, ne doivent pas seulement surveiller les locaux et les bâtiments, mais l'enseignement de l'Hygiène faisant partie de

l'instruction donnée dans ¯ n'importe quelle
école, ces médecins doivent enseigner des
notions d'hygiène qui figurent au programme
de tous les examens.

Enfin, la Société d'Hygiène Publique fait
distribuer gratuitement aux ouvriers et aux
paysans, de courtes brochures où sont ensei-
gnées sous forme de questions et de réponses,
les principales notions d'Hygiène, danger de
l'alcoolisme, mauvaise alimentation, allaite-
ment, épidémies, etc...

. A côté des divers Instituts d'Hygiène existant en Allemagne, se trouve l'*Office sanitaire
Impérial de Berlin*, qui n'a aucune relation
avec l'enseignement, mais dont la mission est
exclusivement de renseigner le Gouvernement
sur toute question concernant la Santé Publique.

Les difficultés que présente l'examen pour
l'obtention du grade de médecin d'Hygiène
méritent d'être signalées. Il se compose d'abord
d'une épreuve écrite. Chaque candidat reçoit
six mois à l'avance, deux questions à traiter,
véritables dissertations de longue haleine et
constituant une épreuve éliminatoire ; puis
épreuve pratique; examen d'un aliéné ou d'un
blessé, avec rapport, préparation microscopi-
que et autopsie; enfin épreuve orale qui peut

rouler sur tout ce qui, de près ou de loin, touche à l'hygiène. Le médecin admis, jouit d'une très grande autorité, ses attributions sont celles qui, chez nous appartiennent au Directeur du Bureau d'Hygiène.

La désinfection est devenue obligatoire à Berlin et dans un grand nombre de Villes depuis 1883, après la .diphétrie, la variole, le choléra, la fièvre typhoïde. Elle se pratique avec une sévérité et une régularité dont nous n'avons guère d'exemple en France. Dans tout hôpital existe une station de désinfection. Ce sont généralement les étuves à vapeur qui y sont admises et partout une organisation et un fonctionnement irréprochable permettent de satisfaire à tous les besoins de l'Hôpital et en cas de nécessité a tous les besoins de la Ville.

. Depuis 1835 la déclaration des maladies contagieuses est obligatoire en Allemagne. A la même date des Commissions Sanitaires furent installées dans toutes les villes de 5.000 habitants; et la plupart des communes possèdent une « Maison d'épidémie » dans laquelle sont isolés les contagieux. C'est le père, ou un membre de la famille ou le médecin qui doivent faire la déclaration. Quant à la vaccination elle est obligatoire depuis 1874, je l'ai dit déjà, pour tout enfant de 1 et 12 ans.

Le permis de construire et l'obligation à
l'assainissement des immeubles par des bran-
chements à l'égoût, sont plus sérieusement institués que chez nous, car la fosse d'aisance n'est
pas tolérée là où se trouve l'égoût.

Morale : En 25 ans la mortalité de l'Allemagne a baissé de 7 unités pour mille et est
tombée de 31 à 24.

II. — *Angleterre*

L'Administration sanitaire Anglaise à la fois
la plus pratique, la plus complète et la plus
sérieusement organisée, a souvent été donnée
en modèle à la nôtre : elle le mérite par plus
d'un côté, sans cependant constituer le véritable modèle type : il serait possible de faire
plus et mieux, alors surtout que les autorités
anglaises ont promulgué des « Acts » à l'observation desquels ils ont eu soin de nommer
constamment des titulaires.

Le premier défaut, le plus regrettable incontestablement que l'on puisse adresser à l'organisation sanitaire anglaise, c'est la distinction catégorique qu'elle établit entre les grandes villes et les villages : ici comme là, elle
désigne un personnel chargé de l'exécution des

règlements sanitaires qui sont les mêmes partout; mais ce qui varie fâcheusement, c'est ce personnel lui-même. Composé dans les grandes villes de professionnels largement rémunérés et qui donnent à leurs fonctions tout leur temps, ce personnel est recruté dans les villages parmi les médecins, les architectes, les industriels, à qui il est accordée une trop faible indemnité, et dont les intérêts immédiats sont souvent en contradiction avec ceux de l'Hygiène Publique qu'ils devraient défendre. Ces agents de la santé sont d'ailleurs nommés à temps, et dépendent exclusivement de l'autorité locale, laquelle se compose très souvent de propriétaires qui n'ont brigué un mandat municipal que pour avoir plus de droits à l'égard de ces agents, qu'ils menacent dans leur situation s'ils font mine de vouloir obtenir quelques réformes à un état d'insalubrité dont ces propriétaires sont les principaux auteurs.

C'est là le vice le plus fâcheux de la législation sanitaire anglaise, et les conséquences en sont aussi regrettables que manifestes: contrairement à ce qui devrait être, c'est dans la campagne que la mortalité anglaise est le plus considérable, et c'est là que les mesures de prophylaxie et surtout d'assainissement de l'habitation sont le plus difficiles à appliquer.

Depuis longtemps, le Parlement Anglais est saisi d'un projet de loi qui unifierait la législation sanitaire, et appliquerait aux villages les mêmes règlements qu'aux villes. Quant à l'administration sanitaire elle-même, elle est fort judicieusement conçue. Au plus haut échelon se trouve le « Local Government Board » créé par *l'act* du 14 août 1871 ; c'est le Conseil supérieur d'Hygiène, présidé par un membre du Parlement, choisi par le Roi et dont font partie de droit le Président du Conseil et tous les Ministres. Puis la loi de 1875 a divisé le territoire en un certain nombre de *districts urbains ou ruraux* qui aident les Maires et les Adjoints dans l'appréciation des lois et règlements d'hygiène.

Dans chaque district se trouve un Directeur sanitaire ou *Médical officer of health* littéralement officier médical de santé, qui est chargé de la surveillance de tout le district au point de vue hygiénique. Puis, au-dessous de lui sont l'*Inspector of nuisances*, inspecteur d'hygiène qui relève les infractions aux lois et les fait connaître au « Médical officer », — le *surveillor* qui fait les enquêtes pour les permis de construire — le *Public Analyst*, ou chimiste — enfin les *vaccination's officer*.

Dans les petites paroisses rurales se trouve

l'*Assemblée paroissale* qui deux fois par an se réunit et nomme des délégués au Conseil du district dont je viens de parler.

Dans tous les comtés et dans toutes les villes de 50.000 habitants se trouve un Conseil de Comté, qui n'est autre chose qu'un tribunal chargé de juger les délits d'hygiène.

A côté de cette organisation, se trouve la législation sanitaire qui embrasse plusieurs textes : la loi du 18 août 1890 sur les cours d'eau; celle de 1878 sur l'alimentation des communes rurales en eau potable; celle de 1889 sur la déclaration des maladies transmissibles imposée au chef de famille ou à défaut au médecin, et enfin au principal locataire; celle de 1890 sur la propagation des maladies contagieuses par la surveillance des literies, la désinfection, le séjour obligatoire dans les hôpitaux, la vente des aliments malsains, la construction des lieux d'aisance, des égoûts, des canaux, des abattoirs, l'enlèvement des ordures, la salubrité des voies publiques, la police sanitaire des animaux; la loi de 1894 sur les épizooties ; enfin celle de 1895 sur le travail dans les usines, le livret de santé à l'usage des travailleurs, le repos des femmes en couches, etc.

Le reproche que l'on peut faire à cette législation anglaise, c'est son manque d'unité. Il appartient en effet à chaque district de s'exonérer de l'obéissance à certaines lois et d'en voter d'autres à la place. Heureusement le *Local Government Board* est tout puissant pour ramener tous les écarts à une plus juste compréhension, et conduire tous les efforts vers un même but.

Morale : En 30 ans, la mortalité par tuberculose pulmonaire est tombée en Angleterre de 2.67 pour mille à 1.32.

III. — *Espagne*

Il existe au Ministère de l'Intérieur une Direction Générale et un *Conseil Royal de Santé*; dans chaque province une « *Junte de santé* » présidée par le Gouverneur et dans les districts municipaux une *Junte municipale* présidée par l'alcade quand la commune a plus de 1000 habitants. Au-dessous de 1000 habitants, l'Alcade est seul chargé de l'hygiène locale.

Une loi de 1870 organise la lutte contre les maladies transmissibles, et celle du 23 Octobre 1894 crée un Institut National de Bactériologie et d'Hygiène. Dans les écoles l'enseignement de l'Hygiène est obligatoire.

IV. — *Italie*

En Italie c'est laloi du 22 Décembre 1888 sur la « tutelle de l'Hygiène et de la santé publique » qui constitue le code sanitaire national.

La hiérarchie administrative est constituée par : le Ministre de l'Intérieur avec le Conseil supérieur de santé, le préfet avec le Conseil Provincial de santé, le Sous-Préfet avec le Médecin Provincial, le Maire ou syndic avec le médecin sanitaire communal. C'est à ces diverses branches de l'organisation sanitaire qu'appartiennent des pouvoirs très voisins de ceux que la loi de 1902 a institués en France. La loi de 1888 est cependant plus complète : elle s'occupe, en effet, de l'exercice de la profession médicale sanitaire, elle même. D'autre part, elle descend dans le détail de la pratique ; il ne faut pas seulement un permis de construire, pour édifier une maison, mais une fois la maison terminée elle ne sera habitée que sur avis favorable du Maire, et les règlements sanitaires que chaque commune doit posséder sont observés avec plus de sévérité que chez nous.

Aucun pays n'avait besoin d'Hygiène autant que l'Italie; aucun n'a fait autant de progrès en si peu de temps.

V. — Russie

L'Hygiène en Russie est considérablement méconnue et d'une pratique fort en retard. Le Gouvernement, il est vrai, a multiplié les Hôpitaux et c'est ainsi qu'il semble avoir compris son rôle ; en 1893 un avis du Conseil d'Empire prescrit des pénalités assez lourdes contre ceux qui nuisent à la propreté de la rue, qui vendent des denrées altérées, qui contaminent les eaux.

En 1897 fut fait un dénombrement de la population que l'on crut inspiré par une idée de salubrité et d'Hygiène. — Il n'avait d'autre but que de déterminer les personnes mal soumises à l'impôt fiscal !

Il existe en Suisse autant de législations sanitaires que de cantons et il est impossible d'étudier une administration sanitaire offrant des variantes aussi nombreuses. Enfin, il n'existe pas en Europe un Etat, si limité que soit son territoire, n'ayant pas une organisation sanitaire. — Suède, Norvège, Danemark, Roumanie, Serbie, Hollande, Belgique, partout la Santé Publique se trouve protégée et garantie par des lois et par une administration spéciale.

Au point de vue qui nous a intéressé, au cours de ces pages, et qui a inspiré les développements qui en font l'objet, il nous est permis de dire que partout, quel que soit le pays pris en exemple, la législation sanitaire a produit des résultats appréciables et qui commandent un progrès continu dans son organisation. Mais ces résultats peuvent se peser, se mesurer, et d'une façon constante, leur valeur dépend bien moins de l'agent qui a mission de les poursuivre, que du degré d'éducation sanitaire que possèdent les populations : en Hygiène bien plus que pour tout le reste, il est vrai de dire que les peuples ont les lois qu'ils méritent.

TABLE DES MATIÈRES

TROISIÈME PARTIE

QUATRIÈME PARTIE

AUXERRE-PARIS. — IMPRIMERIE A. LANIER

www.ingramcontent.com/pod-product-compliance
Lightning Source LLC
Chambersburg PA
CBHW070503200326
41519CB00013B/2692